游戏养育

黄丽艳 著

北方联合出版传媒(集团)股份有限公司
万卷出版有限责任公司

图书在版编目（CIP）数据

游戏养育 / 黄丽艳著. -- 沈阳：万卷出版有限责任公司，2022.7
ISBN 978-7-5470-6021-6

Ⅰ.①游… Ⅱ.①黄… Ⅲ.①游戏—儿童教育—家庭教育 Ⅳ.①G781

中国版本图书馆CIP数据核字(2022)第091844号

出版发行：北方联合出版传媒（集团）股份有限公司
　　　　　万卷出版有限责任公司
　　　　　（地址：沈阳市和平区十一纬路29号　邮编：110003）
印　刷　者：唐山市铭诚印刷有限公司
经　销　者：全国新华书店
幅面尺寸：145mm×210mm
字　　数：120千字
印　　张：5
出版时间：2022年7月第1版
印刷时间：2022年7月第1次印刷
责任编辑：齐丽丽
责任校对：刘　洋
插　　图：野作插画
策划编辑：马剑涛　董丽艳
封面设计：季晨设计工作室
ISBN 978-7-5470-6021-6
定　　价：36.00元
联系电话：024-23284090
传　　真：024-23284448

序言
PREFACE

送孩子玩具不如陪孩子玩耍

　　我们都知道，在家带孩子应该关掉电视、放下手机，多花些时间和孩子在一起，但你是怎么做的呢？是陪着陪着就觉得无聊又拿起了手机，还是除了读绘本、玩玩具，不知道还能一起玩点儿什么？

　　"和孩子玩什么？"这几乎是困扰所有家长的普遍难题，而本书就是帮助家长来解决这个难题的。本书针对3~6岁的孩子，提供了48种亲子游戏，游戏的形式丰富多样，操作起来也很容易。

　　孩子可以在游戏的过程中学习，获得乐趣，还会将自己的情绪与想法通过游戏表达出来。但家长也要注意，这并不代表每个游戏都要成为一种正式的教育体验，游戏的每一刻都要包含实际的教学内容，而是要让孩子在玩耍与交流中自然地学习。

　　我们所说的游戏，并非指手机游戏、电脑游戏等电子游戏，而是指存在交流与互动，可以让孩子表达想法或者展现能力的游戏。在这些游戏中，孩子是游戏的主角，家长起配合、援助的作用，所以家长不要总是想着指导孩子怎么玩、玩什么。

本书中囊括的游戏多种多样：有锻炼眼脚协调能力的，比如"胶带迷宫"；有训练身体控制力的，比如"越过障碍物""慢动作跑步"；有培养记忆力的，比如"消失的水果""抽扑克牌"；有训练社交能力的，比如"开玩具店"；有训练反应能力的，比如"水果蹲""唱反调"；有培养合作意识的，比如"两人三足""吸管运输"；等等。而且，许多游戏都不需要道具，即使需要，也是家中常见的物品，比如纸张、胶带、便利贴等。

在使用本书时，有一点需要注意：虽然书中的游戏按照年龄段进行了分类，但每个孩子的生长发育情况都不相同，所以需要结合孩子的实际情况选择游戏，而不必拘泥于年龄段。

每位家长都很关注孩子的成长，总是想尽己所能地帮助孩子，但其实，为人父母同样是一种历练与成长。孩子身体的发育、心理状态的变化，无不需要家长的关注与呵护。本书可以帮助家长正确地看待孩子的行为，更好地了解孩子的心理与情绪，并找到适合孩子的养育方式，让亲子之间的联结更紧密。

目录
CONTENTS

3~4 岁，一起来玩游戏吧！

4~5 岁，一起来玩游戏吧！

5~6 岁，一起来玩游戏吧！

3~4岁，

一起来玩游戏吧！

零食派送
——平衡能力大挑战

（训练技能：平衡能力）

场景再现

妈妈：哎呀！有一个坚果硌到我的脚了。

孩子：妈妈，疼不疼？我不是故意弄掉的。

妈妈：宝贝，我们一起把这些零食收拾起来，让它们各归各位吧！

孩子：好。

玩具、零食随处可见，一不小心就被硌到、绊到，这几乎是每个有孩子家庭的常态。对于这种情况，除了要引导孩子学会整理外，更应该从源头入手，尽量避免孩子将玩具或零食遗落在地上，而这就需要培养孩子的身体平衡能力与手眼协作能力。

"零食派送"游戏就是将孩子每天吃零食的时间变成游戏时间，通过让孩子平稳地运送零食来训练其平衡能力，而孩子则可以在运送成功后吃自己拿到的零食。为了提高孩子的注意力，增强孩子手与眼的协作能力，可以让孩子跟着胶带走，不脱离胶带路线。

物品准备 葡萄干、坚果等零食，大塑料碗2个，小塑料碗1个，汤勺1个，胶带。

一起来玩游戏吧！

❶ 孩子拿着小塑料碗，沿着胶带路线从茶几出发，走到餐桌处。

❷ 孩子用汤勺舀一勺零食放到小塑料碗中。

❸ 孩子拿着小塑料碗沿着胶带路线往回走到茶几处，将小碗中的零食倒入茶几上的大碗中。

让孩子沿着胶带路线走，是通过走路促进孩子均衡感知力和大肌肉的发育。如果孩子没有沿着胶带走，就让他重新开始。而且，在走路的过程中不能脱离胶带路线，不能让零食洒出来，这也可以训练孩子的注意力。使用汤勺，则是为了促进小肌肉的发育。

提示

刚开始的时候，可以将路线设计成直线，如果直线对孩子来说太过简单，就可以设计成复杂的路线，增加游戏的难度。

家是孩子游戏的舞台

对孩子来说，在家中的各个角落，他都可以找到乐趣。孩子缺少的不是游戏，而是玩伴。父母可以将家打造成一个让孩子自由玩耍游戏的舞台，家长和孩子一起在这个舞台上尽兴地游戏，让孩子在游戏中快乐成长。

越过障碍物
——我能保护自己

场景再现

孩子：啊！

妈妈：哎呀，怎么又磕到了呀！疼不疼啊？

孩子：有点儿。

妈妈：走路一定要看路，这里有台阶，摔倒了多危险啊！

孩子：我知道了。

　　孩子走路经常会不小心就受伤，令家长担忧。"越过障碍物"游戏可以让孩子集中注意力在眼前的道路上，并能通过游戏规则训练孩子的身体控制能力与平衡能力。

　　如果孩子不理解游戏规则，父母可以先进行示范，并告诉孩子"这里要跳""这里要迈""这里要爬"等。

物品准备 呼啦圈1个、积木块若干、枕头2个、床单。

❶ 将呼啦圈放在第一关卡，将若干个积木块搭高作为第二关卡，将床单铺到枕头上做成隧道作为第三关卡。

❷ 孩子跳进呼啦圈，并　❸ 迈过积木块，　　❹ 爬过"床单
　从呼啦圈中跳出来。　　不能碰倒积木。　　隧道"。

如果孩子可以很好地完成这些任务，家长则可以利用室内的物品逐步增加障碍物。如果是在室外，则可以设置更多的环节。比如：将

提示

在设置障碍物路线的时候，要综合考虑孩子的年龄、肌肉发育程度、室内空间的大小等。

足球踢进球门，跳绳 10 下，一边拍篮球一边往前走，等等。

选择游戏要以孩子的 兴趣 为主

家长在为孩子安排游戏时，既要考虑到孩子的接受能力，又要保证游戏的趣味性，以引起孩子的兴趣。如果孩子喜欢玩积木，家长却偏要他玩开火车游戏，即使家长热情高涨，孩子也会觉得厌烦，这也背离了游戏养育的原则。

运皮球
——我会传接物品

（训练技能：走与跑的协调性）

▲

场景再现

妈妈：宝贝，把这个苹果拿给爸爸吧，妈妈刚洗干净了，
　　　千万注意别掉到地上啊。

孩子：放心吧，妈妈。

　　传接物品在生活中是很常见的，孩子有时也会替家长们跑腿或者传递物品。而"运皮球"游戏可以增强孩子传接物品和持物走、跑时身体的协调性，还能培养孩子初步的合作意识与任务意识。

　　"运皮球"游戏需要家长与孩子配合。家长中的一方先将皮球从起点处的篮子里拿出来，递到孩子手上，孩子接过皮球后要快速地将皮球运送到指定地点。当起点处篮子里的皮球都被运送到终点处即算完成任务。

　　另一方家长可以当裁判计时，任务开始和完成时都吹口哨示意，这样可以制造一点儿紧张感。

物品准备 皮球、篮子若干。

❶爸爸从篮子里拿出1个皮球递给孩子。

❷孩子抱着皮球往前面的篮子跑。

❸孩子将皮球投入终点

处的篮子中。

如果参与游戏的人比较多，也可以让孩子将球传给其他人，通过接力的方式进行游戏。

提示

在玩游戏的过程中，家长要让孩子自己抱球跑、传球，避免代劳，要鼓励孩子尽可能平稳、快速地把皮球运到终点。

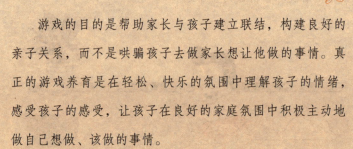

感受孩子的**感受**

游戏的目的是帮助家长与孩子建立联结，构建良好的亲子关系，而不是哄骗孩子去做家长想让他做的事情。真正的游戏养育是在轻松、快乐的氛围中理解孩子的情绪，感受孩子的感受，让孩子在良好的家庭氛围中积极主动地做自己想做、该做的事情。

胶带迷宫
——出口在哪里

（训练技能：眼脚协调能力）

场景再现

妈妈：宝贝，我们现在在超市门口，你知道我们要走哪条
　　　路回家吗？

孩子：嗯……是不是要走这里？

妈妈：不是的，宝贝，你再好好想想，想想我们来的时候
　　　走的是哪条路，我们要原路返回。

孩子：我记得……我知道了，我们要往那边走。

　　在跟着家长出门时，孩子经常会只注意沿途的建筑、风景，
而不会刻意去记路，他们觉得室外的大小道路就像是迷宫，不
太容易能找到正确的返回道路。

　　很多孩子都在纸上做过迷宫游戏，但很少让自己置身于迷
宫之中。"胶带迷宫"游戏就是利用胶带制作出迷宫，让孩子走
到迷宫中去探索，在训练孩子身体协调能力的同时训练其推理
与判断能力。

物品准备 纸胶带、足球（皮球）、小旗子。

一起来玩游戏吧！

❶ 把纸胶带贴在房间的地板上，规划出迷宫路线。

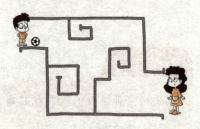

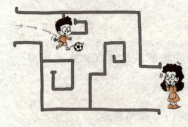

❷ 孩子拿着小旗子从入口处开始踢球走迷宫。

❸ 在错路处用小旗子做上标记。

❹ 孩子继续走迷宫，直至找到出口。

012

在迷宫里，走错路是很常见的。为了避免重复走原来的路，孩子就需要细心地记住走过的路。家长可以让孩子

在走错的路径上做上标记，比如放一个小旗子，或者用水彩笔打个"×"。

如果空间不足，迷宫的路比较窄，可以让孩子推着玩具汽车走迷宫；如果想降低游戏难度，则可以不踢球，让孩子直接走迷宫。

慢慢来，关注孩子的点点进步

在游戏中，孩子难免会失败、出错，家长要关注孩子朝目标努力的过程，紧密观察孩子的点点进步，不要太过着急，也不要催促孩子去做什么。只有给予孩子足够的空间与安全感，孩子才不会因为害怕犯错而退缩，才会更有勇气去面对挑战。

小小投掷手
——嗖！进球了

场景再现

爸爸：宝贝，把茶几上的苹果扔给爸爸！

孩子：爸爸，离得太远了，苹果会掉地上的。

爸爸：宝贝放心，你随便扔就好，爸爸能接住。

孩子：好，那我扔了啊。嘿！

爸爸：嘿呦！接住了，哈哈！

投掷物品在日常生活中是很常见的，如果孩子参与其中，不论孩子是扔的一方还是接的一方，结果都会更有趣。"小小投掷手"游戏可以让孩子通过将球投进塑料圈来练习投掷的动作，从而提高身体的协调性。如果你不知道在室外要跟孩子玩什么游戏，这显然是不错的选择。

这个游戏需要双方面对面。在游戏前，为了能让孩子遵守规则，家长可以在双方站立的位置前画上两条横线，以免孩子为了投进而越界。家长可以让孩子自行选择投掷方式，可以用两只手，也可以用一只手。

一起来玩游戏吧！

❶家长与孩子面对面站着，家长
手举塑料圈，宣布游戏开始。

❷孩子拿着软球向圈中投球。

❸家长逐渐提高塑料圈的高度。

❹家长逐渐拉长与孩子之间
的距离，让孩子继续投球。

在进行投掷游戏时要遵循由低到高、由近到远的原则，逐渐提升难度。如果孩子不想投掷了，也可以改成家长投球，让孩子拿着塑料

提示

如果孩子不喜欢投掷的方法，家长也不要勉强孩子，可以与孩子一起踢球、滚球等。

圈去接球。球投掷到哪边，孩子就需要跑到哪边去接球。这也可以训练孩子的反应能力。

构建一段固定的亲子游戏时间

亲子游戏可以随时随地进行，但如果能构建一段固定且有规律、可预期的亲子游戏时间，让孩子的内心得到满足，可以让亲子关系更融洽。当然，为了让游戏的效果更好，家长在陪伴孩子玩游戏时必须是积极的、快乐的，因此，在时间的选择上，家长就需要考虑平时的生活、工作与日常作息，当确定好时间之后，就不要再轻易变动。

整理玩具
——我是分类小能手

（训练技能：分类能力）

场景再现

妈妈：哎呀呀，我的小祖宗啊！！！

孩子：怎么了？妈妈。

妈妈：我们的客厅成了你的玩具之家了，妈妈都无处下脚了。

孩子：妈妈别急，我来帮您。

（于是，孩子趴在地上用胳膊一通乱扫，开出了一条通道。）

孩子：妈妈，您看，这不就行了嘛！

妈妈：我的乖乖哟！

　　对于孩子来说，玩玩具是一件十分有趣的事情，但很多家长都为孩子乱放玩具而感到头疼。其实，整理玩具同样也可以成为一个很有趣的游戏。玩好这个游戏，孩子就可以自己主动收拾玩具，还家里一片干净整洁。整理玩具不仅可以提高孩子的分类能力，还有助于培养孩子的责任感。当然，为了让孩子更愿意配合，整理玩具的游戏要在孩子玩完玩具之后。

物品准备 放玩具的塑料箱若干、便利贴、笔。

一起来玩游戏吧！

1 在便利贴上画上相应的玩具，并将画有玩具画的便利贴贴到各个塑料箱上。

2 让孩子将玩具收集到一块。

3 让孩子给玩具进行分类，然后把玩具放进贴有相应标识的塑料箱里。

要让孩子主动收集并整理玩具，那就赋予这个过程趣味性吧。比如，将积木玩具箱看成积木王国的城堡，将积木看成这个王国里的人民；再比如，将球类看成一个个定时炸弹，如果没有及时整理好，就会引发难以想象的问题。将整理玩具变成愉快的游戏，不但能让家长省心，还会让孩子开心。

提示

整理玩具的时候可以放一首有特点的歌曲。当孩子听到这首歌后，就知道到整理玩具的时间了。这也是一种仪式感。

游戏会传递出爱

只要父母多花点儿时间放松快乐地陪伴孩子，很多令人头疼的问题就能迎刃而解。有些父母担心过多的游戏会惯坏孩子，其实不然，我们所说的游戏并不是让孩子去看那些电子产品，玩手机上的游戏，而是在父母的陪伴下进行的亲子游戏，这是帮助父母与孩子建立联结的很好的方式，也是父母向孩子传递爱的方式。

消失的水果
——记忆有魔法

（训练技能：记忆力）

孩子：妈妈，我的画笔在哪里？

妈妈：你看看画板旁边有没有。

孩子：没有啊，我找过了。

妈妈：你想一想最近一次用画笔是在哪里，做什么了。

孩子：嗯……我给爸爸涂了大花脸。啊，我想起来了，爸爸
要给我涂大花脸，我就把画笔藏到沙发坐垫下面了。

相信很多家长都被孩子的"玩具在哪里""绘本在哪里""鞋子在哪里"等问题轰炸过，孩子之所以会这样向家长求助，除了因为没有养成良好的收纳整理习惯外，还因为记忆力不强。而"消失的水果"游戏则可以有针对性地训练孩子的记忆力，并让孩子集中注意力的时间更长。

这个游戏需要先让孩子记忆面前的几种水果，然后家长将其中的一个拿走，再让孩子猜拿走的是哪个水果。

物品准备 水果（比如梨、香蕉、柠檬、苹果等）、眼罩。

一起来玩游戏吧！

❶ 将水果放在桌子上，让孩子说出每个水果的名称，家长跟着重复。

❷ 给孩子戴上眼罩，家长偷偷拿走一种水果。

❸ 让孩子取下眼罩，猜家长拿走的是什么水果。

如果孩子玩起来有难度，可以减少水果的数量。如果孩子都能猜出来，就可以增加水果的数量，或者从中拿走两个。

提示

这个游戏选用的物品不限于水果，也可以是玩具、日常用品等。当然，也可以混搭。

要想增加游戏难度，在刚开始的时候，可以先不让孩子说名称，而是让孩子观察并记忆一小段时间，然后家长拿走物品，让孩子猜拿走的是什么。

游戏的主角是孩子

游戏对于儿童的社交、情感及智力发展都至关重要。游戏能让人产生快乐和亲密的感觉。在孩子玩游戏时，家长要重视起来，仔细观察孩子的行为，在必要时可以加入游戏。但要注意，孩子是游戏的主角，家长不要批评孩子做的事情，更不要让孩子按照家长的意愿与建议去改变游戏，或者要求孩子去做更有意义的活动。

指令游戏
——认真听，正确做

（训练技能：听觉注意力）

▲

> **孩子**：妈妈，我们什么时候去动物园玩啊？
>
> **妈妈**：等爸爸买完东西回来，我们就可以出发了。
>
> **孩子**：那我们现在出发吧。
>
> **妈妈**：我们要等爸爸回来呀。爸爸去买吃的和喝的了，等爸爸买完回来，我们就可以出发了。
>
> **孩子**：那爸爸什么时候回来呀？
>
> **妈妈**：买完东西就回来了。
>
> **孩子**：啊，那还要等多久啊？

相信很多家长都有这样的体验，在与孩子沟通时，家长觉得自己已经说得足够清楚明白了，但孩子还是三番五次地提问。其实，这并不是孩子在故意找碴儿，而是他们对每句话的关注点不同，以至于接收到的信息不太全面。

指令游戏是一个按照指令做动作的游戏，需要孩子用心听。只有听到"妈妈说"（或"爸爸说""奶奶说""姥姥说"）的指示语后才可以做相应的动作；如果前面没有"妈妈说"（或"爸爸说""奶奶说""姥姥说"），则不能做动作。

以"妈妈说"为例，孩子的执行方式如下：

"妈妈说，蹲下。"——孩子需要蹲下。

"妈妈说，拍手。"——孩子需要做拍手的动作。

"双手举高。"——这时不能双手举高。

"坐下。"——这时不能坐下。

也就是说，如果妈妈只是发布行动指令，前面没有"妈妈说"三个字，那么孩子是不用遵守指令的。如果孩子此时也遵守指令做动作的话，那么就算失败了。

这个游戏是非常考验孩子的听力的，因为孩子需要时刻集中精神，注意是否有"妈妈说"三个字出现。而且，在听到需要遵守的指令后，孩子还要做出相对应的动作，这也可以训练孩子的反应能力。

在游戏时，家长要注意：发出的指令动作需要根据孩子的发育程度来设计，可以先从简单的动作开始，等孩子做的次数多了，熟悉游戏了，再逐渐增加难度较大的动作；或者先从一个动作做起，等孩子熟练后，再增加动作指令，让孩子连贯性地做两个或两个以上的动作。

一起来玩游戏吧！

❶ 妈妈说一个带有"妈妈说"的动作指令。

❷ 妈妈说一个不带有"妈妈说"的动作指令。

❸ 妈妈说多个带有"妈妈说"的动作指令。

❹ 妈妈说多个不带有"妈妈说"的动作指令。

可供参考的其他口令：

　　起立、抬头、低头、点头、摇头、指眼睛、摸耳朵、跳两下、走两步、转一圈、假装跳绳、弯腰、鼓掌、原地踏步走、单脚站立……

提示

　　等孩子熟悉了这个游戏后，妈妈和孩子可以互换角色，让孩子发号施令，妈妈跟着孩子的指令去做。

孩子需要适当的**掌控权**

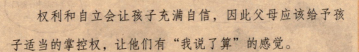

　　权利和自立会让孩子充满自信，因此父母应该给予孩子适当的掌控权，让他们有"我说了算"的感觉。

　　在游戏中转换角色，让孩子成为发号施令的那个人，给他们充足的空间去展示自己，也更有益于孩子责任感的形成。

这是什么声音?

——嘘!听

（训练技能：听觉能力）

场景再现

孩子：妈妈，爸爸是不是要回来了？

妈妈：你怎么知道？

孩子：我听到车子的声音了。

妈妈：你的耳朵还真好使。爸爸刚才发消息说快到了。

孩子：妈妈，您听，我猜是爸爸的脚步声。

我们平时大多用眼睛去观察事物，但其实观察并不是只能用眼睛，还可以用到多种感官，用耳朵去听也是一种观察。

带孩子探索声音的世界，是为了训练孩子的听觉能力，看看孩子闭上眼睛后，是否可以分辨出各种常见的声音。

为了使游戏的效果更好，家长需要为孩子戴上眼罩，并保持室内环境安静，关闭电视机、加湿器、电风扇等会发出噪声的电器。家长可以先制造一种声音，并尽量重复三次，以便让孩子听清楚。如果孩子猜了四五次仍然猜不出来，家长就可以让孩子摘下眼罩，看一看这到底是什么发出来的声音。如果需要增加难度，则可以同时制造出两种声音，让孩子分辨这两种声音的来源。

① 爸爸拍手 3 次。

② 爸爸翻书 3 次。

③ 爸爸一边轻轻
地拍桌子，一
边倒水。

可供参考的其他声音：

撕纸声、揉纸声、闹钟声、拍地板声、搓手声、开零食袋声、开关冰箱门声、拉窗帘声、水开的声音……

这个游戏是为了帮助孩子留意周围的声音，提高孩子的声音辨别能力。因此，家长可以根据实际情况制造出各种声音，也可以让孩子创造出新的声音。

提示

有些孩子会害怕吸尘器的声音或者很大的音乐声，如果孩子对某些声音感到恐惧，要让孩子慢慢去适应，不要急于强迫孩子去面对。

不否定孩子的**恐惧**

各个年龄段的儿童都有害怕的东西：幼儿可能害怕黑暗、雷电、陌生人或者和亲密的人分离；4岁的孩子可能会害怕游泳、适应新环境；5岁的孩子可能会害怕当众出丑、被拒绝等。家长的支持和鼓励是帮助孩子克服恐惧的最有效的方式，轻视孩子的恐惧会让他们感到孤单无助。

熟悉的气味
——我嗅，我嗅，我再嗅

（训练技能：嗅觉发育）
▲

场景再现

孩子：妈妈，是不是有什么东西煳了啊？

妈妈：宝贝，这是咖啡的味道，妈妈有点儿困，要喝杯咖啡提提神。

孩子：妈妈，咖啡好喝吗？我也想喝。

妈妈：咖啡很苦的。

孩子：那算了，我不喜欢吃苦的东西。

嗅觉是人体重要的感官能力。平时，家长除了告诉孩子哪种东西有什么气味外，还可以与孩子专门做游戏，让孩子用鼻子辨别各种味道，以丰富孩子对各种味道的认知，促进其嗅觉的发育。

刚开始的时候，可以先让孩子看一看都有哪些物品，并闻一闻气味。如果孩子对气味比较敏感，或者知道的味道比较多，则可以不告诉孩子都有哪些物品，直接蒙上孩子的眼睛，让孩子通过闻气味来猜，以增加游戏的趣味性。

物品准备 柠檬、香蕉、苹果等水果，眼罩。

一起来玩游戏吧！

❶ 将准备好的水果摆在桌子上，先让孩子逐个闻一闻味道。

来闻一闻这些水果的气味吧！

闻一闻。

❷ 给孩子戴上眼罩，妈妈拿一个水果让孩子闻，可以让孩子多闻几次。

这是什么水果呀？

酸酸的，是柠檬！

❸ 让孩子根据闻到的气味猜水果。

如果孩子猜不出来，家长可以给予提示，告诉孩子这个水果的特征。

提示

一开始让孩子辨别 2~3 种味道比让孩子一次性辨别多种味道的效果要好。

当然，物品的选择可以多种多样，但要注意的是，不要选用刺激气味比较大以及会引起孩子过敏的物品。

避免对孩子提出过高要求

孩子的发展是千差万别的。在游戏中，父母切忌对孩子提出过高的要求，更不应该表现出不耐烦或者对孩子的行为进行消极评价。要谨记，玩游戏是为了帮助孩子习得某些技能，让孩子在游戏中有所表现，获得成就感，而不是增加孩子的挫败感。

食物品尝员
——舌尖的味道

场景再现

孩子：妈妈，鸡蛋饼里这红红的东西是什么呀？

妈妈：你吃着这个感觉味道怎么样？

孩子：嗯，好像有点儿甜，又有点儿奇怪的味道。

妈妈：这是胡萝卜。

孩子：啊？真的吗？胡萝卜也能这么好吃吗？

妈妈：当然了。很多食物如果做得好，都是很好吃的。

孩子：妈妈，我想好了，我的梦想是当食物品尝员，专门吃好吃的。

　　一日三餐要给孩子吃什么？怎么搭配才能营养均衡？如何改善孩子偏食、挑食的毛病？……家长为孩子的成长操碎了心。游戏养育可以将所有的生活日常囊括其中，吃东西也不例外。家长可以与孩子玩"食物品尝员"的游戏，让孩子判断品尝的是哪种食物，以促进其味觉的发育。

物品准备 蒸熟的红薯、土豆及酸奶、碗、盘子、勺子、眼罩。

❶将准备好的食物分别放到碗或盘里。

❷妈妈选一种食物，用勺子喂给孩子。

❸让孩子说一说自己尝到的味道，并猜食物。

在刚开始玩游戏时，要选择孩子喜欢吃的几种食物，以激发孩子的兴趣。如果孩子对玩这个游戏兴致盎然，则可以添加一种孩子不太喜欢吃的食物，以增加游戏的紧张感与刺激感。

提示

利用切碎的蔬菜做游戏，可以增加游戏的难度，也能让孩子多吃一些蔬菜。

不仅要玩，还要玩得开心

游戏养育是让孩子参与游戏，并在这个游戏的过程中获得学习与成长。愉快的游戏氛围、好玩的游戏体验才会让孩子持续地投入某个活动中。做游戏不仅要玩，还要让孩子玩得开心。即使在家长看来，孩子并没有收获什么实质性的技能，但是对孩子来说，他们仍然学习到了不少东西。所以，家长切忌本末倒置，将游戏看得太过功利化。

手指的感觉
——摸一摸，真好玩

（训练技能：触觉能力）

孩子：抓到了，是爸爸。这回该爸爸来抓了。

爸爸：宝贝，你蒙着眼睛，怎么知道抓住的是爸爸，不是妈妈呢？

孩子：我摸到了爸爸的衣服，跟妈妈的衣服摸着不一样。

爸爸：真聪明！爸爸怎么没想到？

孩子：爸爸，您快戴上眼罩，我和妈妈要躲起来了。

在不看物品的情况下，通过手的触感，我们也会猜出一些物品的名称，而这个触摸的过程会让触觉变得更敏锐。"手指的感觉"是一个关于触觉的训练游戏，孩子可以通过手指的触摸去感受不同物品的不同质感。

家长可以让孩子在蒙着眼睛的情况下去触摸室内的物品，比如窗帘、沙发、橱柜、绿植等，刚开始可以先让孩子用一根手指去感受，然后再用手、脸等去感受物体的样式，这个过程会让孩子通过触觉重新认识这些物品。

物品准备 绿植、眼罩。

❶给孩子蒙上眼罩，让孩子用
一根手指触摸室内的物品。

❷让孩子用一只手再次触摸
这个物品。

❸引导孩子说出物品的名称。

虽然是室内经常用到的物品，但仅仅通过触觉来判断也是不容易的。在反复触摸、感受物品的过程中，孩子的触觉会变得敏锐起来，对这些物品的认识也会更全面。

游戏随时随地都可能会发生

孩子生活中的点点滴滴几乎都算得上游戏。游戏养育的方式并不只限于传统的游戏时间，而是随时随地都可能会发生。只要过程中有交流互动，或者是可以促进沟通表达，能让孩子展现出自己的能力，就都可以看作是游戏。

照镜子
——我会模仿

场景再现

妈妈：宝贝，你在干什么呀？

孩子：妈妈，您看，镜子里的我总学我，我笑她也笑，我拍手她也拍手。

妈妈：宝贝观察得真仔细。那我们来玩照镜子的游戏吧！

"照镜子"游戏，也就是我们常说的模仿游戏，即爸爸或妈妈跟孩子玩模仿对方动作、表情的游戏。一个人扮演正在照镜子的人，另一个人扮演镜子里的人。镜子里的人要完全按照照镜子人的动作、表情来做。这个游戏可以增强孩子对表情、肌肉的控制能力，也可以提高孩子的观察能力与反应能力。

在玩游戏时，家长的动作要慢，要能让孩子看清并成功模仿。如果孩子没有找到哪里发生了变化，家长可以提示道"注意看我的腿""注意看我的眼睛"等。等孩子模仿得越来越快，能快速地观察并做出相应的动作后，家长就可以让孩子去当那个照镜子的人，自己则去模仿孩子的动作与表情。你会发现，孩子的创造力是非常惊人的。

一起来玩游戏吧！

①妈妈做一个简单的动作，让孩子模仿。

（双手叉腰）

②妈妈做一个细微的表情，让孩子观察并模仿。

（噘着嘴巴）

③妈妈同时做两个动作。

（双手放头顶比心，眨眼睛）

④引导孩子找到变化，并顺利模仿。

（双手放头顶比心，眨眼睛）

可供参考的其他动作：

挑高眉毛、抬头、低头、吐舌头、打哈欠、伸手点赞、打 OK 手势、做打电话姿势、踢球、跑步、投篮……

提示

刚开始游戏时，家长要尽量每次只动一个部位，这样更容易被孩子观察和模仿。

接纳孩子的 情绪

当孩子一个人承受强烈的情绪时，压力激素会增加，如果家长可以接纳孩子的情绪，孩子的大脑就会释放出能够缓解负面情绪、减轻悲伤与痛苦的化学物质。有时候，对于孩子来说，家长的共情比解决问题更重要，也更有效。

传话游戏
——我会说，我能记

（训练技能：语言表达能力）

▲

妈妈：宝贝，去告诉爸爸，一会儿出门要买西红柿、土豆和醋。

孩子：好，我去告诉爸爸。

孩子：爸爸，妈妈叫您一会儿买西红柿、土豆和醋。

爸爸：买啥呀？请宝贝再说一遍。

孩子：……西红柿和醋。

传话是生活中很常见的事情，可以锻炼孩子的语言组织能力、表达能力以及记忆力。而传话游戏可以在玩乐中培养孩子的这些能力。玩游戏的人越多，传达出来的话越离谱，游戏就越有意思。

传话游戏是向别人传达自己听到的悄悄话。在游戏的过程中，请注意保持安静，不要打断孩子的思路，也不要主动去提示孩子。这不是必须回答正确的游戏，而是要在这个游戏的过程中训练孩子的注意力、记忆力与表达能力，让孩子爱表达、会表达。

❶ 妈妈先对孩子说一句悄悄话。

❷ 孩子把听到的悄悄话说给爸爸。

❸ 爸爸把听到的内容大声地说出来。

如果还有其他人参与这个游戏，就让爸爸把听到的话传给第四个人，第四个人再传给第五个人，最后一个人则大声地将内容说出来。

提示

刚开始的时候，可以让孩子先传达简单的句子，之后再逐渐提高难度，说长一点儿的句子。

刚开始时，孩子可能会大声地说出来，家长可以给孩子做示范，告诉孩子什么样的音量是合适的，随着玩的次数逐渐增多，孩子的表现也会越来越好。

用孩子的"语言"对话

嗓门大、精力充沛的孩子可能经常会大喊大叫，不管是兴奋还是愤怒，情绪都通过尖叫的方式来表达。

实际上，孩子有这样的行为并非存心找碴儿，而是情绪结构使然，孩子是在用叫喊的方式来表达他需要强有力的沟通。如果父母可以用轻松愉快的语调同样喊回去，用孩子的"语言"对话，孩子也会放松下来。

表演童话故事
——我是小演员

（训练技能：表达力与想象力）

▲

场景再现

孩子：妈妈，又到睡前故事时间了。

妈妈：好，宝贝，今天我们来听《白雪公主》的故事。

……

孩子：白雪公主太可怜了，我长大了要保护她。

妈妈：好。那我们现在就要睡觉了，好好睡觉长高个，长大了好保护白雪公主。

　　孩子大多喜欢听故事。为了提高孩子理解童话故事的能力，家长可以在合适的时间与孩子玩童话故事表演的游戏。孩子在表演的过程中会站在别人的立场看世界，从而可以提高理解他人的能力。

　　对孩子来说，完全按照原本的故事表演是不太现实的，因此，在表演童话故事时，没有必要完全按照原版来表演，可以让孩子自由改编故事，演绎别样的故事。

物品准备 童话故事书、选定的场景所需的道具。

❶ 先看童话题目，和孩子一起
猜一猜童话讲的是什么故事。

❷ 看童话故事，并和孩子一起
讨论，确保孩子理解了这个
故事。

❸ 选择要表演的场景和
角色，准备道具，然
后开始表演。

如果孩子有兴趣，也可以让孩子当"导演"，分配角色和台词，家长就听从"导演"的指挥，做一些辅助性的工作，让孩子感受到不一样的乐趣。

提示

选择表演的童话，应该是孩子在日常生活中能接触到的，并且是他感兴趣的。

引导孩子在故事中引入话题

讲故事能引出孩子生活中的重要主题。孩子在故事表演中表现出来的行为，会更多地反映出孩子的日常经历、所见所闻。因此，如果能在故事中让孩子间接地引入话题，或许可以很好地疗愈孩子心灵的创伤。

开玩具店
——我是礼貌小店长

（训练技能：社交礼貌用语）

▲

场景再现

（公交车上）

陌生阿姨：小朋友，你米坐这个座位吧！

妈妈：阿姨让座给你，你有没有谢谢阿姨啊？

孩子：谢谢阿姨。

陌生阿姨：不用客气，真是个乖孩子。

在生活中，我们时常需要用到礼貌用语，尤其是小孩子，经常会接受大人的帮助或者跟其他小朋友一起玩玩具，此时就要用到"请""谢谢""不客气"等；由于跑太快经常会撞到人或者被人撞倒，这时就要用到"对不起""没关系"等；如果要跟小朋友们告别，就需要用到"再见""下次见"等礼貌用语。

使用礼貌用语可以让孩子与人交往更顺利，有礼貌的孩子总是会更受欢迎。"开玩具店"游戏就是让孩子变身玩具店长，有礼貌地售卖玩具。

物品准备 各种玩具、一张小桌子。

❶ 将玩具整齐地摆放在售卖台，询问"顾客"需求。

❷ 推荐给"顾客"需要的玩具。

❸ 与"顾客"礼貌道别。

这个游戏的目的是让孩子学习社交技能，并能主动、正确地使用礼貌用语。

提示

除了开玩具店，家长还可以与孩子玩开水果店、服装店、饮品店、书店等游戏。

如果孩子不知道要怎么主导这个游戏，就需要家长来逐步引导，先向孩子提问。或者孩子与家长的角色互换，先由爸爸扮演店长，孩子和妈妈一起扮演顾客。等孩子充分熟悉了这个游戏，就会享受游戏的过程了。

给予孩子充分的预热时间

孩子需要在一定程度上在意别人的看法，这是他们融入集体并交到朋友的必要前提。如果孩子有社交焦虑，害怕与人交流，则不利于孩子社交技能的提升。对于这些"慢热型"的孩子，请给他们充足的时间来预热，让他们逐渐适应新环境，熟悉新朋友。等孩子预热结束后，就可以加入游戏了。

4~5岁，

一起来玩游戏吧！

两人三足

——合作跑得快

(训练技能：协同配合能力)

妈妈：宝贝，你走得太快了，妹妹跟不上你了。

孩子：我拉着妹妹呢，没事的。

妈妈：妹妹年龄还小，没有你迈的步子大，你拉着妹妹走太快，妹妹也不舒服。

孩子：那好吧，我慢点儿走。

妈妈：对，放慢速度，跟着妹妹的节奏来。

与小朋友们一起走路、跑步都需要孩子具备一定的协同能力，配合对方的动作节奏。"两人三足"游戏可以对孩子的协同配合能力进行针对性训练。由于孩子有一条腿和家长的一条腿绑在一起，只有游戏双方共同配合，才能在往前走的时候避免摔倒。

如果孩子第一次玩这个游戏，父母可以先给孩子示范一下玩法，让孩子看一遍，然后再让孩子尝试游戏。

物品准备 绑腿的布条、椅子。

❶ 在起点处画一条线，在折返点的位置也画一条线。父母用布条将彼此相邻的腿绑在一起。

❷ 父母为孩子示范玩法。

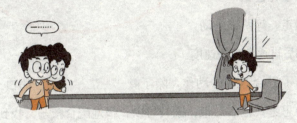

❸ 让孩子和父母中的一方玩这个游戏。

刚开始游戏时，孩子难免会摔倒，或者有要摔倒的趋势，所以家长千万不要心急，可以带着孩子先尝试一步一步慢慢走，等两人的动作协调后再逐渐加快速度。

提示

通过练习，如果孩子可以顺利地往前走，就可以将"两人三足"游戏升级为"三人四足"游戏。

为了配合对方的动作，除了喊"一二、一二"的口令外，孩子会思考其他的对策，家长可以积极地配合孩子，找到最有效、最合适的游戏方法。

所有的孩子都需要运动游戏

运动游戏不仅仅包括对抗游戏和打斗游戏，简单的攀爬、舞动以及跑来跑去也都属于运动游戏。在运动游戏中，孩子是在用身体学习。

但是大部分孩子都没有足够的运动游戏时间。无论是在幼儿园还是在家里，孩子的大部分时间都是坐着，而看电视又让孩子的运动时间越发减少。家长可以将电视看成是简单的休息站，当孩子玩累了想要休息的时候，可以看一会儿电视，等休息足够的时候，再继续回到运动游戏中。

双脚夹沙包
——小脚本领大

（训练技能：脚部夹击力量）

场景再现

爸爸：宝贝，把爸爸的袜子递给爸爸吧。

孩子：我够不到。

爸爸：就在你脚边，你用两只脚夹过来就行了。

孩子：我试试。

爸爸：对，就是这样……现在转一下屁股……好，拿到了，谢谢宝贝。

我们除了可以用手拿东西，也可以用脚来传递物品。"双脚夹沙包"游戏可以训练孩子的脚部夹击力量。对于总是习惯用手拿东西的孩子来说，用脚夹物品更有难度，但也会更新鲜有趣。

"双脚夹沙包"游戏就是让参与游戏的人坐在地上，将散落在地上的沙包用双脚夹住并放入桶中，每次夹一个，最终谁桶里的沙包数量最多，谁就是胜者。

物品准备 沙包若干，小桶2个。

❶将若干个沙包分散放在地上，游戏者坐在地上各自的小桶旁。

❷游戏开始，游戏者用双脚将沙包夹入自己的桶中。

❸最终桶内沙包数量多的人获胜。

如果孩子的表现不是很好，家长可以让着孩子，等孩子慢慢地掌握了技巧，会使用合适的力度，他们也就会更加享受游戏的过程了。

提示

如果在室外做这个游戏，注意不要在水泥地或者潮湿的地面上，也不要在烈日下游戏。

除了"双脚夹沙包"游戏，也可以玩"双脚夹皮球"游戏，这个游戏的难度更高，对于孩子来说也会更具有挑战性。

寻找并反映孩子的正向行为

在游戏没有安全隐患，不用担心孩子会受伤时，家长可以积极地寻找孩子的正向行为，并将这种好的表现说出来，让孩子知道他是做了什么才被肯定的，这样他就会更明确地知道接下来应该怎样做，从而提高自己自发正向行为的动力。

脚踢"保龄球"
——滚动吧！足球！

（训练技能：眼脚协同能力）

场景再现

孩子：妈妈，我还想跟小朋友们再踢会儿足球。

妈妈：可是现在天黑了，小朋友们也都该回家吃饭了。

孩子：那您陪我玩好吗？

妈妈：好。那我们先吃饭，吃完饭，妈妈跟你玩一个更有意思的游戏。

　　很多小朋友都热衷于踢足球，常常天黑了仍玩得入迷，不想回家。由于室内活动范围有限，家长无法在室内与孩子踢足球，但却可以将激烈的踢足球游戏变身成一种较为温和的游戏——脚踢"保龄球"。

　　这个游戏是将足球当成保龄球，用脚踢"保龄球"击倒排成三角形的塑料水瓶，然后数击倒的水瓶的个数。为了能尽可能多地击倒水瓶，在踢球的时候，孩子需要不断调控方向和速度，还需要眼与脚的协同配合。

物品准备 塑料水瓶 10 个、幼儿足球 1 个。

❶ 将 10 个塑料水瓶摆成 4 排，第一排 1 个，第二排 2 个，第三排 3 个，第四排 4 个。

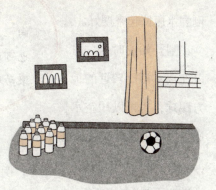

❷ 把足球放在距离水瓶 1 米的位置，让孩子用脚踢球。

❸ 家长与孩子一起数踢倒了几个水瓶。

每次踢完后，家长都可以与孩子一起将击倒的水瓶扶起来摆好。

刚开始的时候，可以在离水瓶比较近的地方踢球，也可以用空水瓶，之后再逐渐往瓶子里加水。

提示

如果孩子把握不好方向，或者不喜欢用脚踢球，也可以像玩保龄球一样用手滚动球，击倒水瓶。

家长可以先给孩子示范一遍，然后与孩子一起参与游戏，让游戏更刺激、更好玩。

家长要扮演好玩伴的角色

年幼的孩子对游戏总是异常认真的。有些家长在陪孩子玩游戏时漫不经心，表现得很敷衍，这不仅会让孩子对家长失去信任，也会对游戏失去兴趣。在游戏中，家长要扮演好玩伴的角色，不敷衍，不应付，真正地投入其中，与孩子一起享受游戏的乐趣。如果家长真的有其他事情要做，可以跟孩子明说，而不是"身在曹营心在汉"地陪孩子玩游戏。

移动吸管
——小小手指有力量

（训练技能：手指控制能力）

场景再现

孩子：哎呀！

妈妈：筷子又掉地上了吧？

孩子：妈妈，我不是故意的。

妈妈：妈妈没有怪你，给你新筷子。

　　孩子在吃饭时之所以掉筷子、掉汤匙，是因为手指的控制能力不够。"移动吸管"这个游戏可以让孩子感受并调整自己手指的力量，对孩子拿筷子吃饭以及练习写字都很有帮助。

　　游戏需要在一个有两米长距离的空间内进行，家长和孩子各用一根手指（建议食指）将吸管从指定的起点移动到终点，在移动的过程中，不能让吸管掉在地上。如果感觉快要掉了，可以站住调整平衡；如果没控制好，吸管掉在了地上，则要重新从起点出发。

物品准备　吸管或筷子、钢笔等条状物体。

① 在室内画出一个两米长距离的起点和终点，参与者站在起点处，各用一根手指抵住吸管的一端。

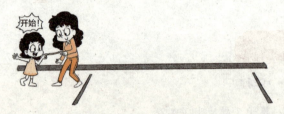

② 两人从起点开始慢慢挪动身子，如果感觉吸管快要掉下来了，就要立刻站住。

③ 调整好平衡再出发。

④ 继续朝终点移动。

如果孩子在游戏的过程中觉得手酸，想要停止，家长可以鼓励孩子在完成一轮游戏后再休息。

这个游戏不仅考验孩子对手指的控制力，还考验两人的默契。要保持吸管的平衡，就需要双方的力量均衡，互相配合对方的力度，来调整自己的力度。

提示

如果孩子已经可以顺利地将吸管、铅笔或筷子等条状的物体运到终点，就可以尝试使用硬币、圣女果等物体来提升游戏难度。

游戏是一面镜子

孩子在游戏中学习，在游戏中成长。他们会把在游戏中获得的与人交往的态度和方法、处理事情的方式运用到自己的现实生活中去。反过来，孩子的行为习惯也会在游戏中表现出来。由于日常生活的重复性和单调性，家长很难发现孩子的异常行为，而在游戏中，在固定的规则里，家长就可以及时地发现孩子不经意间释放出来的信号，从而帮助孩子完善性格与行为。

枕头大战
——我能控制力量

场景再现

妈妈：宝贝，你知道刚才发生什么事了吗？

孩子：果果哭了。

妈妈：你知道果果为什么哭吗？

孩子：我弄疼他了。

妈妈：妈妈知道你不是故意的，是你没有控制好自己的力气，不小心把果果撞倒，磕疼了。即使我们不是故意的，我们也要去给果果道个歉，好吗？

孩子：好。

　　孩子们在一起玩的时候，磕磕碰碰都是在所难免的。他们并非故意伤人，只是不了解自己的力量，对身体的感知程度较低，没有意识到自己的力量有多大，也没有意识到自己这样做会使别人受伤。对于这样的孩子，家长可以与孩子一起玩打闹游戏，其中"枕头大战"就是一个不错的选择。"枕头大战"是每个人都拿一个枕头用力地砸向别人，这样既不会伤到别人，又能让孩子实实在在地感觉到自己的冲击力。

物品准备 3个枕头。

一起来玩游戏吧！

❶ 参与者各自选择一个
枕头。

❷ 一人宣布游戏开始，参与
者互相用枕头对打。

❸ 继续用枕头攻击，直至
有人"投降"。

哈哈哈哈~

哈哈~

枕头大战可以让孩子使出全身的力量，而且不会伤害到别人。这样孩子就可以更好地感知自己的身体，意识到自己的力量对别人来说

提示

在游戏之前，父母要检查所有的枕头是否安全，最好选择没有拉链或纽扣的枕头，以免打斗中划伤孩子。

有多大，从而帮助孩子降低无意间伤害别人的概率。这比父母一味地强调"轻一点儿""慢一点儿"更有效。

当孩子因为非主观的原因伤害到了别人，父母不要责备孩子，在让孩子认识到自己的不足后，请先与孩子共情："我知道你不是故意伤害别人的，我们一起来练习感知自己的力量吧。"

打闹游戏切忌挒痒痒

将孩子按在地上挒痒痒，让孩子不受控制地发笑，虽然看起来很好玩，氛围很欢乐，但这种笑只是一种身体反应，很多时候并非孩子发自内心地想笑。而且，挒痒痒还会使孩子更难控制自己的身体与情绪。

慢动作跑步
——我能控制身体

（训练技能：肢体控制）

妈妈：宝贝，你又抢拍了，跳快了，这里是要慢下来的。

孩子：我已经很慢了。

妈妈：还要再慢。

孩子：我已经会跳了，总是越跳越快。

妈妈：没关系啊，跳快了也没事，但如果能慢下来，跟着音乐跳会更好。

　　让动作慢下来并不是一件容易的事情，这需要较强的肢体控制力。我们在生活中经常追求快，追求熟练，但在孩子成长的过程中，"慢"与"稳"也同样重要。要想让孩子的动作慢下来、稳一些，慢动作跑步是一项不错的训练游戏。

　　在这个游戏中，参与者要将自己的所有动作都变慢，就像中了"迟缓光波"一样，以最慢的速度跑向终点，但是不能静止不动，最终最迟到达终点的人获胜。

1 选择室内 3~5 米长的地方作为游戏区域，确定起跑线和终点线。

2 一人宣布游戏开始，参与者慢动作向对面跑去。

3 继续慢动作跑步，最后到达终点的人获胜。

在游戏时，孩子一开始可能只会控制自己的脚步，但是胳膊、头部等仍然按照之前的动作速度摆动，家长可以给孩子演示，告诉孩子身体每一

提示

在玩这个游戏时，孩子可能会控制不住地笑得前仰后合，呼吸急促紊乱。家长可以给孩子示范在运动的时候要如何呼吸，帮助孩子调整呼吸节奏，更好地保持平衡。

个部位的动作都要慢，帮助孩子逐渐掌握游戏要领。

随着游戏的进行，孩子会学着控制自己的肢体，不再一味地求快，而会为了赢得胜利尽可能地让自己的动作慢下来。

重视孩子对游戏的 反应

在游戏的过程中，父母要注意观察孩子的情绪和反应。如果孩子对游戏不感兴趣，或者因为上幼儿园玩得太兴奋而累了，那父母就不应该强迫孩子做游戏。当孩子表现出不耐烦时，父母可以适时地暂停游戏。如果孩子对游戏表现出很浓的兴趣，父母就可以适当地增加游戏的趣味和难度。

袋鼠跳
——我跳得又快又稳

（训练技能：跳跃与平衡能力）

▲

场景再现

妈妈：宝贝，羽毛球要跳起来打。

孩子：嘿！

妈妈：好样的，就是这样，再来一球。

孩子：我跳！又打到了，哈哈！

妈妈：宝贝的球技又进步了。

打羽毛球、跳绳以及走路遇到障碍物时，都需要跳跃。良好的跳跃与平衡能力可以为运动加分。"袋鼠跳"游戏可以提高孩子的跳跃能力和平衡能力。

"袋鼠跳"是一个经典的游戏运动项目，参与者在起点处，将双脚套入袋子中，通过跳的方式抵达终点。若想尽快到达终点，就要尽量不摔倒。以多人比赛的方式进行游戏，会更有趣。

物品准备 布袋。

❶双脚套入布袋中，双手抓住布袋的拎手处，准备起跳。

❷跳跃前进，最先到达终点的人获胜。

通常来说，这个游戏出现摔倒的情况是很正常的，因此，一定要注意安全。为了保证孩子的安全，要选择宽敞平整的场地，最好是草地、橡胶地面等。如果场地的条件有限，可以给孩子戴上护膝、护肘等，以避免受伤。

提示
为了保证游戏的顺利进行，可以多准备一些布袋，以便破损调换。

如果孩子的表现不错，也可以增加难度，比如在起点与终点之间设置一些障碍，或者规划一条弯曲的行进路线，不能偏离路线等。

注重与孩子"在一起"

游戏会让亲子关系变得更加亲密，这不仅不会宠坏孩子，反而会让孩子更信任父母，把父母当成自己的朋友。父母放下权威，不再总是想着要教给孩子某些技巧或者督促孩子去学习，而是与孩子"在一起"，陪孩子玩游戏，在游戏中和孩子共同成长，在养育的过程中和孩子共同学习与进步，孩子反而会成长得越来越好，让家长越来越放心。

跳房子
——跳跳跳，盖房子

（训练技能：肢体灵活性）

场景再现

妈妈：宝贝，单脚跳小心摔倒。

孩子：不会的，我跳得很好的，您看！

妈妈：好好好，妈妈看到了，慢一点儿吧。

孩子：妈妈，我们跳着走，看谁走得快吧。

妈妈：这样吧，我们来玩一个游戏，你肯定会喜欢的。

　　孩子喜欢蹦蹦跳跳地走路。"跳房子"游戏刚好包含了单脚跳、双脚跳、转身等运动，既能满足孩子蹦蹦跳跳的需求，同时又能锻炼孩子身体的灵活性，提高孩子的运动能力。而且，这个多人参与的游戏具有很强的竞赛性质，增加了游戏的挑战性与趣味性。

　　"跳房子"游戏是在地上简单地画几个格子，按照顺序将沙包扔进第一格，然后通过单脚跳、双脚跳的方式前进，到达最后一格时再按照同样的方法跳回来，并捡起沙包，然后将沙包丢进第二格，继续按照规则跳。

物品准备 沙包、粉笔。

一起来玩游戏吧!

❶ 画房格子,格子的长、宽各约 40 厘米,然后按顺序在格子里面写上数字 1~9。

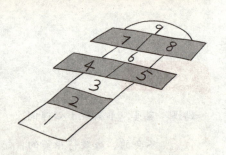

❷ 游戏者站在 1 号格外面,将沙包丢进 1 号格,然后单脚跳进 2 号格。如果沙包扔到了线外,则轮到别人扔沙包。

❸ 按顺序继续跳,单脚(不换脚)跳进 3 号格,两脚各跳进 4 号格和 5 号格,单脚跳进 6 号格,两脚各跳进 7 号格和 8 号格,最后双脚跳入 9 号格。为了方便跳回来,跳入 9 号格时可以转身跳。

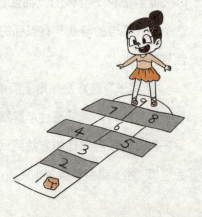

④按同样的方法跳回来，返回时要顺便捡起沙包，最终跳出来。接下来将沙包丢进2号格，重复刚才的跳法。

⑤当一个人把沙包丢完所有的格子，就可以获得盖房子的权利，即站在起点，背对格子丢沙包，沙包落到的格子就是他的专属房子，可以写上他的名字。

　　在自己的房子处可以双脚落地，但是别人不能踩这个格子，必须跳过去。当所有的格子都被盖上房子后，拥有房子最多的人获胜。

　　注意不能跳进沙包所在的格子。如果沙包扔到了4号格，则前进时要单脚从3号格跳到5号格，继续按规则前进；返回时也要单脚跳进5号格，弯腰捡起4号格里的沙包，再单脚跳入3号格……

　　如果出现沙包丢到格子外、压线或者未丢到正确的格子中，脚落地时踩线，跳错格子等失误，则换下一个人跳房子，等到下次上场时，从上次失误的格子继续游戏，不用从头开始。

提示

也可以用小石头替代沙包玩这个游戏。如果是在室内，也可以用胶带粘出一个房格子。

游戏可以 就地取材

对孩子来说，玩具自然不可或缺，但他们更渴望家长陪他们一起玩耍。很多家长觉得陪孩子玩游戏太麻烦，需要准备玩具等各种物品。其实不然，与孩子玩游戏并不需要太多的准备，就地取材，随时开始，孩子也会享受到游戏的乐趣。所以，父母在平时就在脑中积累一些游戏素材吧，以备不时之需。

袜子游戏
——脱脱脱

（训练技能：反应能力）
▲

妈妈：宝贝，你怎么又把袜子拽掉了？

孩子：嘿嘿嘿！

妈妈：来，快把袜子穿上，你光脚在地板上走，会着凉的。

孩子：我不凉。

　　大多数孩子都执拗于"拽袜子"这项操作，他们会以此为乐。往往家长刚给穿上，转眼工夫，就会发现袜子又被扔在了地上、沙发上，反正不在孩子的脚上。而袜子游戏刚好可以让孩子保护自己脚上的袜子，去想办法脱掉别人的袜子。

　　这个游戏两个人玩很有趣，三个人玩会更热闹，孩子也会更开心。在这个游戏中，参与者可以随意选择脱掉谁的袜子，随机性比较强，而被"攻击"的那个人则需要很快的反应能力，迅速地收回腿或者用手捂住袜子，或者反过来去攻击对方，以扭转不利处境。对于喜欢运动与打闹的孩子来说，这无疑是一场狂欢。

① 在室内较为宽敞的地方，参与游戏的人穿着袜子在地板上围坐成一圈，腿伸向中间。

② 一人宣布游戏开始，每个人都要想办法脱掉别人脚上的袜子，不让自己的袜子被人脱掉。

③ 在游戏中，每个人都可以随意、随时变换攻击对象。

④ 当其他人都光着脚，只剩一个人还穿着袜子时，游戏结束。

在这个游戏中，规则可以设定成被脱掉的袜子可以在抢回来之后重新穿上，也可以设定成不能穿上。具体的规则设定方式需要家长结合孩子的具体情况来综合考量。

提示

为了避免游戏时间过长，家长也可以在游戏开始前商定输赢的标准，比如在规定的时间内，最终穿着袜子最多的人是获胜者。

投入与笑声都很重要

游戏和笑声的联系是很明显的。孩子享受游戏，能快乐地玩游戏，有助于孩子积极情绪与想法的形成。游戏养育重视孩子的笑声，但并不代表孩子每时每刻都需要笑得前仰后合，如果孩子很认真，很投入，表现得心满意足，那么即使孩子并没有大笑，这个游戏也是成功的。

水果蹲
——我蹲，我蹲，我再蹲

（训练技能：反应能力）

场景再现

孩子：妈妈，今天我们玩了"水果蹲"的游戏，太好玩了。

妈妈：都发生了什么有趣的事情呢？

孩子：本来轮到"火龙果"蹲了，可是"苹果"听错了，

　　　也跟着一起蹲了，"苹果"就被淘汰了，咯咯咯……

妈妈：这么有趣吗？

孩子：当然了！妈妈，我们也一起来玩这个游戏吧。

　　"水果蹲"是一个很有趣的游戏项目，不仅考验参与者的反应能力，还考验参与者的听觉注意力。这个游戏参与者需要选择一种水果作为自己的代称，然后随机选择一人开始游戏，被指定的人要边蹲边说"××蹲，××蹲，××蹲完××蹲"，然后被叫到的"水果"边蹲边说，重复指令，最后留在场上的选手胜出。

　　比如，最开始被指定的是"苹果"，则"苹果"说"苹果蹲，苹果蹲，苹果蹲完香蕉蹲"，收到指令的"香蕉"接着说"香蕉蹲，香蕉蹲，香蕉蹲完××蹲"。

物品准备 水果贴或水果卡片、胶带。

一起来玩游戏吧！

❶ 每人选择一种自己代表的水果，将水果贴贴到衣服上。

❷ 一个人开始边喊口号边下蹲，并点名让别的"水果"蹲。

西瓜蹲，西瓜蹲，西瓜蹲完樱桃蹲。

❸ 被点名的"水果"要立刻接下去。

❹ 最后留在场上的胜出。

樱桃蹲，樱桃蹲，樱桃蹲完……

……水蜜桃蹲完葡萄蹲。

耶！我赢啦！

在游戏中要注意以下几点规则：

（1）被叫到的没蹲或者5秒内没有做出反应要被淘汰；

（2）叫错的或者叫自己的也被淘汰；

提示

除了"水果蹲"，家长也可以跟孩子玩"萝卜蹲""蔬菜蹲"的游戏。变着花样玩，孩子会觉得很新鲜、很有趣。

（3）重复说一种水果不能超过2次；

（4）一定要完整说完口令，若口令不规范，也要被淘汰；

（5）节奏由慢变快，边说口令边做蹲的动作。

玩游戏同样需要设限

游戏养育一贯强调尊重孩子，让孩子发挥主导作用。但当孩子太过于沉迷玩游戏，以致影响了正常的生活节奏时，家长仍然需要给孩子设限。当然，设限也要讲究技巧，首先要承认孩子的想法与感受，然后说出限制，最后再提出另外可行的选择。比如："我知道你还很想玩，可是我们今天已经玩很久了，游戏时间已经结束了。我们明天下午还可以继续玩。"

太阳月亮游戏
——执行小玩家

（训练技能：执行功能）

> 妈妈：宝贝，把你那件黄色的马甲拿过来吧，妈妈给你洗
> 　　　一下。
>
> 孩子：给！
>
> 妈妈：不是这件，这件是羽绒服，不是马甲。
>
> 孩子：哦，我知道了，是这件吧！
>
> 妈妈：对，就是这件。

在日常生活中，孩子经常会出现拿错物品的情况，不是因为没注意听，就是因为产生了误解，这对于3~5岁的孩子来说是很正常的。这是因为孩子的执行功能还没有发展起来。执行功能是孩子四五岁时得到发展的主要能力，指的是制订计划、记住指令、调节情绪、从失败中学习经验等的能力。

太阳月亮游戏是通过下达指令的方式让孩子举太阳卡片或月亮卡片，这可以锻炼孩子集中注意力和记住指令的能力，使自我调节能力等执行功能得到发展，也有助于提高孩子的快速反应能力。

物品准备 筷子、纸、笔、剪刀、胶带。

一起来玩游戏吧！

❶ 在两张纸上分别画一个太
阳、一个月亮。

❷ 将太阳和月亮图裁剪出来，
并用胶带粘贴在筷子上。

❸ 两人面对面站着，其中一
人下达指令，一人根据指
令行动。

❹ 多次下达指令，然后两人
互换角色进行游戏。

举太阳。

举月亮，不放下太阳。

在游戏开始前，家长首先要确认孩子是否清楚"举太阳（月亮）""放下太阳（月亮）"的意思。

刚开始下指令的速度要慢，好让孩子能跟随指令做动作，等孩子熟悉后，再加快速度。

提示

在孩子熟练掌握了这个游戏后，家长也可以改变游戏规则，即动作与指令相反。比如指令是"举太阳"，则动作是"放下太阳"。

父母要忘记自己的家长身份

在游戏中，父母和孩子是平等的玩伴关系，是游戏的参与者。父母可以提出自己的建议，孩子也可以选择接受或是拒绝建议。

当游戏开始时，父母应该尽可能地投入，不要强行做游戏的控制者，更不要因为一些小事中断游戏的进程，不遵守游戏规则。只有父母积极地投入游戏中，才能更好地调动孩子的积极性，让孩子对接下来的游戏产生期盼和兴趣，从而形成自信乐观的良好性格。

静止人
——定，动，定

（训练技能：观察与关注能力）

▲

  观察与关注他人的变化在我们的日常生活中时时发生，而如果不刻意引导孩子，他们很容易忽视这种变化。"静止人"游戏就是在一种特定的游戏场景下，让孩子找出参加游戏的"静止人"发生的变化，这可以很好地培养孩子对人的观察和关注。

  一般来说，这个游戏需要三个人参与，除了"静止人"和"观察者"这两个角色外，还有一个"调整者"，负责调整"静止人"的动作或姿势等，以免"静止人"自己随便乱动，改动太多处，与之前的姿势相比变化太多，导致游戏无法顺利进行。

❶ 一个人先摆好一个舒服的静止动作，成为"静止人"，让孩子观察 3 分钟。

❷ 孩子转过身，"调整者"协助"静止人"进行 3 处变动，让孩子再转过身来观察，找出变化。

其中变化的部分可以是"静止人"的穿着打扮，比如换个头饰或改变头饰的位置等；可以是"静止人"的面部表情，比

提示

这个游戏也可以和年龄小的孩子玩，此时就需要把变化的地方减少，把变化的程度加大，以降低游戏难度。

如微笑改成龇牙笑、睁眼改成眯眼等；还可以是"静止人"的身体姿势，比如坐着改成站着，抬头改成低头，抑或是手指的微微弯曲；等等。变化的程度需要依据孩子的年龄和认知来设计，尽量避免难度过大。

惩罚不是目的，更不应作为手段

游戏养育的基础之一是对孩子的尊重。教育的最终目的不是让孩子学会服从，而是培养孩子判断问题与解决问题的能力，让孩子在遇到新问题、新情况时可以灵活地分析、判断。而惩罚的绝大多数目的是为了让孩子服从，这与游戏养育的思路是相违背的。

抽扑克牌
——花色猜猜猜

场景再现

孩子： 爸爸，您知道这两个哪个是迪迦奥特曼吗？

爸爸： 呃……有没有什么提示？

孩子： 不用提示，这个很明显啊！

爸爸： 这个？……等等……嗯，是那个！

孩子： 哎呀，猜错了！

孩子时不时会给家长出难题，而这些难题在孩子看来却很简单。当家长面临回答不出孩子问题的处境时，不妨主动出击，与孩子玩类似的游戏，考验一下孩子的观察能力与短时记忆力。

"抽扑克牌"游戏需要先让孩子熟悉一副扑克牌中的四种花色图案，然后从其中一种花色中选出 A 到 K 的 13 张牌，让孩子抽出一张，不看牌面，然后看剩余的 12 张牌的牌面，猜测自己抽出来的是哪一张牌。

物品准备 一副扑克牌。

❶ 从一副扑克牌中挑选出一种花色的 13 张牌，让孩子认识。

❷ 将这 13 张牌洗好，并让孩子抽出一张放到一旁，注意不要让孩子看到牌面。

❸ 将手里的 12 张牌逐个翻开给孩子看，看完的放到另一旁扣着。

❹ 让孩子猜自己抽出的扑克牌的数字。

> 梅花 A？

在玩过一种花色之后，家长可以利用两种花色的26张牌来进行同样的游戏。如果孩子可以接受这样的难度，

提示

这个游戏还有其他的玩法，比如从中随便抽取几张牌，先给孩子一些时间观察和记忆，然后按照同样的方法进行游戏，让孩子猜自己抽出的是哪一张牌。

还可以逐渐提升难度，使用三种花色的牌或者四种花色的牌。随着牌的数量与花色的增多，孩子就需要对双重元素进行观察和记忆，从而可以锻炼孩子的观察力和短时记忆力。

游戏不是暗中控制孩子的 手段

　　游戏可以帮助父母与孩子建立联结，但不应成为父母暗中控制孩子的手段。当孩子拒绝玩游戏，对游戏提不起兴趣甚至抵触时，父母就需要内省：是不是游戏不好玩？是不是自己在用游戏的方式控制孩子？是不是将对孩子的期望都寄托在游戏之中？如果游戏充满了太强的目的性，自然也就失去了其趣味性。所以，真实一点儿，快乐地陪孩子玩游戏吧，不要把简单的游戏变得复杂。

过目不忘
——还原小能手

场景再现

孩子：爸爸，冰箱贴贴的位置不对。

爸爸：怎么不对？贴冰箱上就行了呗！

孩子：爸爸，这个小猪是用来贴您的照片的，这个可爱的小兔子是贴我的照片的。

爸爸：没事，只要都贴上就行了。

孩子：不行，爸爸！妈妈说让我们弄完要恢复原状，还让我监督您，我要负责任。

爸爸：好吧，那我们就换过来吧。

　　将使用完的物品放回原来的位置，既可以让屋子变得整洁，又方便下一次取用。"过目不忘"游戏就是让孩子将物品各归各位，从而培养孩子的观察力和记忆力。在游戏开始前，家长需要准备多件相似但不完全相同的物品，将其排成一排，让孩子先观察，然后家长调整顺序，再让孩子将其复原。

物品准备 不同图案的 5 个冰箱贴。

❶ 将 5 个冰箱贴排列成一排，家长先拍照记录，然后让孩子观察 30 秒。

❷ 孩子背过身去，家长调整冰箱贴的顺序，调整完毕后孩子再转过身来将冰箱贴重新归位。

孩子归位完成后，家长将结果与之前照片记录的顺序进行对比，看看归位结果是否正确。

提示

相似但不完全相同的物品可以是不同颜色或款式的袜子、不同种类的糖果、画面不同的明信片、不同图案的小挂饰等。

刚开始玩这个游戏时，物品的数量可以从5件开始。如果孩子经过几次游戏后都不能准确地归位，则可以减少1件；如果孩子可以轻松完成任务，则可以逐渐增加物品的数量。

巧用游戏暂停法

年幼的孩子不会完全遵守游戏规则，他们可能会为了取得好结果而做出不恰当的行为或者破坏游戏规则。当孩子出现这些表现时，家长可以先将游戏暂停，让孩子冷静下来，使孩子的不良情绪得到正确的引导。

故事接龙

——编故事，我能行

（训练技能：语言表达能力）

孩子：妈妈，再给我讲故事吧。

妈妈：想听什么故事呢？

孩子：嗯……想听小狗的故事。

妈妈：那我们自己来编小狗的故事吧！

　　孩子喜欢听故事，也经常缠着家长给自己讲故事，这是好事。如果可以将听故事与讲故事相结合，让孩子也参与到讲故事的过程中，那么不仅故事的发展会更有趣，更出人意料，也可以锻炼孩子的逻辑思维能力、语言表达能力与想象力。

　　"故事接龙"的游戏就是让参与游戏的人按顺序轮流续讲故事，通过你一句我一句地接话，可以不停地轮下去，轮到每个人的时候，都可以尽情地发挥想象，让故事按照自己的想法发展下去。孩子接得越快，说明思维越敏捷，反应速度越快。由于在游戏开始前无法预设故事的情节与结局，这种不确定性也增加了游戏的趣味性。

① 家长说个故事开头。

② 按顺序续编故事。

③ 继续编故事，直至故事结束。

刚开始的时候，家长不必太过在乎故事的逻辑，只要孩子能接上，编到哪儿、编得怎么样都不重要，关键是要鼓励孩子续编下去。

提示

在玩故事接龙的时候，家长要有耐心，让孩子慢慢想、慢慢说，不要代劳。

故事结束后，家长可以就孩子讲的故事情节进行提问，引导孩子将遗漏的或者忽略的部分补充完整，让整个故事更完整，更精彩。

给予孩子足够的 时间

4 岁的孩子有叙述能力，可以把前因后果表述清楚。在游戏中，家长要给予孩子足够的时间，鼓励孩子发挥想象力自编故事，这对于孩子逻辑思维能力、语言表达能力和想象力的发展都是有益的。

物件联想传递
——乘着想象的翅膀

场景再现

> 孩子：妈妈，您看那朵云好像一只兔子。
>
> 妈妈：真的，像是一只打盹的兔子。
>
> 孩子：这边是耳朵，那边是脚……

　　孩子是天生的想象力大师，他们会用好奇的眼光看待所有的事物，会和身边的各种东西对话，而父母要做的是，除了要保护孩子的想象力外，还要主动培养和激发孩子的想象力。"物件联想传递"就是一个培养想象力的趣味游戏。

　　"物件联想传递"游戏本质上也是一个传递接力的游戏，只是在传递的过程中，参与者首先要根据给出的物件的形状进行联想，为这个物件赋予一个"新身份"，并将其所具有的新功能表演出来，其他人来猜这个物件此时变成了什么，只有猜对才能继续传递下去。参与游戏的每个人都要为物件设计一个"新身份"，不能重复，设定的"新身份"的形状也要与物件原本的形状差不多。

物品准备 一支铅笔或其他物品。

一起来玩游戏吧！

① 参与者围成一圈，确定传递顺序。

② 第一个人开始表演，其余参与者来猜。

③ 猜出正确结果后，传递给下一个人。

④ 继续传递，想不出其他物品的人被淘汰，最终留下的人获胜。

这个游戏可以用一个物件传递下去，如果接到物件的人想不出还可以设计什么"新身份"，或者表演重复的内容，那就被淘汰，直至其他人都被淘汰，留下最终的获胜者。之后可以再换其他物件，开始新一轮的物件联想传递游戏。

提示

　为物件设计的"新身份"要与原物件保持形状上的相似，而不必大小一样。

避免**期望**过高

　很多父母都对孩子期望过高，希望孩子能更懂事，能做得更好，而这些过高的期望往往会伤害孩子，增加孩子的压力，导致孩子出现各种心理与情绪问题。父母要记住，即使是在游戏中也不要对孩子提出过高的要求，不要让你的爱与期待成为孩子沉重的负担。让孩子享受游戏，才能助力孩子健康快乐地成长。

5~6岁，
一起来玩游戏吧！

比手画脚
——我来比画你来猜

（训练技能：观察能力）

孩子：妈妈，您猜我是什么？（双手张开做飞翔状）

妈妈：是飞机吗？

孩子：不是，您看，我有翅膀。

妈妈：哦，妈妈知道了，是小鸟。

　　孩子经常会模仿他们见到的或熟知的事物，这是孩子细心观察生活的体现。"比手画脚"游戏刚好可以培养并发展孩子的这种习惯，帮助孩子快速地将事物的特征提取并表现出来。

　　这个游戏至少需要4个人参与，4个人分成两队，每队2人。在游戏开始前，两队各自在纸上写10道题目，让对方去猜。对方的2名队员需要分工合作，一人表演，不能说话，只能靠动作和表情来表示题目，另一人来猜。在1分钟的时间内，猜对题目数量多的队伍获胜。

物品准备　笔、白纸等。

① 参与者分成两队，每队准备 10 道题目写到白纸上。

② 其中一队开始答题，一人比画另一人猜，限时 1 分钟。

③ 交换队伍答题，同样限时 1 分钟。

在答题的 1 分钟
时间里，每队最多
有两次"过"的机
会，如果觉得题目
太难猜不出来或者
难以表现，都可以
选择"过"。

提示

题目的内容可以是动物、
植物、水果、乐器、交通工具
等孩子熟知的内容。等孩子年
龄大一些，也可以增加成语、
谚语、古诗等题目。

如果参与的人数比较多，可相应增加每队中比画或者猜的
人数。

陪孩子玩而不是教孩子玩

儿童心理学家皮亚杰说："孩子的工作就是玩。"既然
是游戏，是玩，那就请父母放松心情陪孩子玩，不要总是
指导、暗示孩子怎么玩。对孩子而言，玩的过程也是学习
的过程。父母给予孩子充足的空间，孩子的成就感得到了
满足，便会越来越自信。

侦察游戏
——我是小侦探

场景再现

孩子：爸爸，我的口琴放哪里了？

爸爸：我也忘了，问问妈妈。

孩子：妈妈，我的口琴在哪里？

妈妈：上午爸爸给你放到书架上了，你看着爸爸放的。

孩子：我没注意，忘了。

　　经常随意放置物品，不注意观察家中事物的变化，这几乎是孩子的生活常态，大多数家长也都习以为常。但如果可以通过玩游戏的方式培养孩子的观察力与记忆力，与孩子一起度过美妙的亲子时光，那又何乐而不为呢？

　　侦察游戏可以发生在家里的任何一个房间，孩子需要观察选定的房间内的物品，然后蒙上眼睛，家长变换其中几个物品的位置，再让孩子说出哪里变化了，找出不同。这不仅能训练孩子的观察力与记忆力，还能让孩子在以后的生活中积极主动地去观察。

物品准备 室内物品、眼罩、计时器。

一起来玩游戏吧!

❶ 确定侦察范围,让孩子仔细观察现场3分钟,然后给孩子戴
上眼罩,家长调整侦察范围内的3件物品的位置。

❷ 孩子摘下眼罩,找出位置有变化的物品。在5分钟内将位置
有变化的物品全部找出即为完成任务。

在游戏中，孩子可以有一次询问的机会，家长可以提示孩子变化的物品所处的大概位置，比如"请看茶几上""请往书架上看"等。

提示

　　除了改变物件的位置，家长还可以在原有范围内增加或者减少物品，关键是培养孩子在复杂场景中的实地观察能力。

　　在刚开始玩这个游戏时，变化的物品可以明显些，孩子体验到成功的喜悦就会更积极地玩这个游戏了。

参与孩子的游戏很重要

　　有些父母不知道要怎么跟孩子玩游戏，有些父母觉得孩子自己玩游戏玩得挺好的，不需要父母参与。其实不然，父母不参与孩子的游戏，错失的不只是乐趣，还会错过孩子在游戏中表达出来的情绪与内心感触。父母不参与孩子的游戏，双方各自在自己的世界里，就更难以互相理解。

找找扑克牌
——看我火眼金睛

（训练技能：注意力与快速反应能力）

▲

> **孩子**：爸爸，您猜小橘子在哪只手里？
>
> **爸爸**：这只手。
>
> **孩子**：哈，这只手没有！
>
> **爸爸**：那我猜在那只手里。
>
> （孩子快速地从背后将橘子从一只手换到了另一只手上）
>
> **孩子**：您看，也没有！

  上述场景中孩子让爸爸猜小橘子在哪只手里，孩子能根据情况灵活应变，说明孩子具备了一定的快速反应能力。在这种时候，如果爸爸可以跟孩子玩"找找扑克牌"的游戏，则可以强化孩子的注意力与快速反应能力。

  "找找扑克牌"游戏是从一副牌中取出三张不同的牌排列在桌子上，让孩子选取一张牌并记住，然后将三张牌倒扣在桌子上，家长随意调换位置，让孩子说出他选取的那张牌是哪张。

物品准备 扑克牌。

① 从扑克牌中取出三张不同的牌排列于桌子上，让孩子选一张记住。

② 将三张牌倒扣在桌子上，家长随意变换三张牌的位置。

③ 孩子猜之前选的牌是哪张。

④ 猜对即胜利，猜错即失败。

也可以两人轮换做游戏，孩子调整牌，家长来猜。

随着孩子的成长，他们会学习到越来越多的技能，也会开始捉弄爸爸妈妈。对于孩子的捉弄，家长可以适时地用游戏反击。这样不仅能增加乐趣，还能培养并强化孩子的能力。

父母不要在游戏中捉弄孩子

有些成人会在游戏中以胜负刺激或者以物质奖励等捉弄孩子，给孩子设置不可能完成的任务，比如让火车飞上天，将积木搭到房顶那么高，等等。这是不可取的，对孩子的情商和各方面技能的发展非常不利。如果成人总是利用孩子的天真无知来捉弄孩子，也会让孩子产生不安全感。

守护玩具
——听，有动静

（训练技能：听觉注意力）

场景再现

孩子：爸爸，把我的小铲车还给我。

爸爸：你找吧，你能找到我就还给你。

孩子：（低头看向茶几下面）哈，找到了！

爸爸：你怎么知道在这里呢？

孩子：我听到声音了。

爸爸：我想到一个好玩的游戏，我们来玩吧！

　　每个孩子都有心爱的玩具，不想被人夺走。孩子通过听觉的集中力可以顺利找到藏起来的玩具，同样也可以守护自己的玩具。

　　"守护玩具"游戏是将孩子的双眼蒙上，孩子坐在椅子上，不能离开椅子，只能凭着听觉去判断要来偷玩具的"大盗"从哪个方向靠近，用手拍"大盗"的身体。一旦"大盗"被拍到，则守护成功；如果"大盗"没有被拍到，并成功盗走了玩具，则守护失败。

下面有空间的椅子、玩具、眼罩。

一起来玩游戏吧!

1 将玩具放在椅子下面,孩子戴上眼罩坐在椅子上。游戏开始,"大盗"逐渐靠近玩具。

2 "大盗"偶尔发出一些声响。

3 "大盗"拿走玩具或者身体被拍到,则游戏结束。

在游戏过程中，家长
需要不时地发出一些声音，
制造一点儿刺激与紧张感。
如果家长一直很安静地完
成任务，孩子很可能就会
觉得无趣。

提示

　　游戏中，另一位家长
要看护孩子，以免孩子沉
溺于游戏中动作幅度过大
而从椅子上摔下来。

　　这个游戏中的角色也可以调换，父母守护玩具，孩子当
"大盗"，要盗走玩具。这需要孩子集中注意力，控制好肢体动
作，缓慢而安静地完成盗宝任务。

在可控的范围内开展游戏

　　尽管玩游戏在孩子的成长中很重要，但有些家长还是
会以不安全、不卫生等为理由限制孩子游戏，这在无形中
就限制了孩子的心智成长。亲子游戏的一大好处就是家长
可以照看孩子，所以，在可控的范围内，尽量放宽对游戏
的限制，与孩子一起玩起来吧。

解救人质
——一切行动听指挥

（训练技能：倾听力与协调力）

妈妈：地上已经堆满了你的玩具，妈妈都没法走过去了。

孩子：等一下，妈妈。

（用胳膊清扫玩具中……）

孩子：妈妈，您看，我清理出了一条道路。

妈妈：好，谢谢宝贝。不如我们来玩一个有趣的游戏吧！

　　孩子经常会把玩具摆得满地都是，令人无处下脚，即使家长帮忙收拾，屋子又会很快变得乱糟糟。此时，家长不妨平息一下心中的怒火，与孩子玩一个"解救人质"的小游戏。

　　"解救人质"的游戏需要至少两名参与者，分别扮演"解救者"和"人质"："解救者"蒙着眼睛，每一步行动都需要听取"人质"的指示；"人质"不能行动，但是可以提供指示，引导"解救者"行动。游戏开始后，"解救者"需要根据"人质"的提示一步步走向"人质"，路途中会有不少障碍物，"解救者"需要在不碰撞这些障碍物的前提下走到"人质"身边。

物品准备 玩偶、椅子和抱枕等家庭常用物品，眼罩。

一起来玩游戏吧！

❶ 参与游戏的两人在屋子的不同位置，分别扮演"解救者"与
"人质"，给"解救者"蒙上眼罩，并在路途中放置一些障碍物。

向前一步，再向左一步……

❷ "人质"说出
行动指令，"解
救者"听着指
示往前走。

❸ "解救者"不触
碰任何物件来到
"人质"身边，
即算完成任务。

在游戏的过程中，家长在下达指令时一定要明确，不要用"走，再走，停"这样的字眼，而要说"往前走两步，往右走一步，抬高腿跨过去"等准确、直接的词语。

提示

障碍物可以是沙发、小凳子、抱枕，也可以是玩偶、毛毯、玩具车等。但要避免放置有棱角的物品以及易碎物品，以免伤到孩子。

如果孩子走错了方向或者数错了步数，家长一定要及时喊停，纠正孩子，以免磕碰。

配合孩子玩游戏

孩子在玩游戏时不可能会像大人一样严格遵守规则，他们可能会弄乱物品，也可能会因为一些看似很小的事情而情绪爆发。面对不可控的孩子时，很多家长也常常会大发雷霆。和孩子玩不可能时时刻刻都很有趣，但是家长如果认真、用心地配合孩子玩游戏，那孩子在日常生活中也就会更愿意配合家长。

数字指令
——秘密用语大挑战

（训练技能：记忆力与反应力）

（妈妈坐在沙发上看电视）

孩子： 土豆土豆，收到请回答，收到请回答。

爸爸： 收到，地瓜请讲，完毕。

孩子： 紫薯预警，实施 Plan B，完毕。

爸爸： 收到，完毕。

与孩子约定一些特定语境下使用的秘密词语，更能加深亲子之间的联结，也会让平时的生活更多彩。"数字指令"游戏不仅设定了亲子间的秘密用语，还能锻炼孩子的记忆力与反应力。

在游戏开始前，家长要与孩子一起约定数字代表的指令，比如"1"表示"单腿站立"，"2"表示"弯腰"，"3"表示"举手"，"4"表示"蹲下"……孩子需要牢记每个数字所代表的动作。

游戏开始时，家长说出一个数字，孩子在听到口令后要快速而准确地做出相应的动作，完成动作后恢复站立姿势，等待下一指令的发布。

❶家长与孩子约定数字指令。

1——单腿站立　　　2——弯腰　　　3——举手　　　4——蹲下

❷游戏开始，孩子跟随指令做
动作。

❸动作完成后恢复站姿，等待
下一指令。

在玩这个游戏时需要根据孩子的实际情况循序渐进地增加指令，5 岁左右的孩子，记住 3~4 个指令就可以了。

提示

在和孩子商量动作时，一定要考虑孩子的安全，禁止设置危险的动作，比如翻跟头、倒立等。

除了上述动作指令，还可以有举左手、举右手、摇头、点头、跳两下、往前走两步、往后走两步等动作指令，而且每次游戏都可以重新约定每个数字所代表的动作，这样这个游戏就可以一直玩下去。

千万不要冷处理

在游戏的过程中，孩子不可能会时时刻刻遵守规则，他们也会有不满情绪，甚至故意做出出格的行为。此时暂停游戏，和孩子共同面对问题，重建规则，才能更顺利地解决问题。反之，让孩子自己反思，或者对孩子忽视不理，都只会让孩子感到更孤独无助。用"我们一起坐下来谈谈吧"比"你自己去墙角反思"更恰当。

唱反调

——就不，我就不！

（训练技能：反应力与创造性思维）

▲

场景再现

妈妈：好了，我们不看电视了，来玩积木吧。

孩子：就不，我就要看电视。

妈妈：好，那我们看电视，不玩积木。

孩子：妈妈，我不看电视了。

妈妈：那你想做什么呢？

孩子：我要玩积木。

　　孩子有时会故意与家长唱反调，让做什么就偏不做什么。在孩子看来，与家长"对着干"，不再被父母掌控，是他们自我掌控能力提升的表现，是自由的象征。

　　"唱反调"这个游戏刚好可以满足孩子的这种心理，而且可以考验孩子的反应力，开拓创造性思维。游戏规则是，对于家长的指令，孩子必须反着做，如果直接按照口令行动或者没有行动都算输。比如家长说"摸左脸"，孩子需要摸右脸；家长说"闭眼"，孩子需要睁大眼睛；家长说"蹲下"，孩子可以做除了蹲之外的跳、坐、躺等其他动作。

① 家长下达指令。

② 孩子做相反的动作。

③ 继续重复上述步骤，变换口令进行游戏。

这个游戏不仅考验孩子的反应力，还需要孩子具备一定的创造性思维。比如，家长说"转身"，孩子不能转身，但也不能站着

提示

当孩子逐渐适应了游戏节奏后，家长就可以逐渐加快速度，提升游戏的难度，让游戏更具挑战性。

不动，他需要给自己找到一个新动作，可以往前走、抬头挺胸、伸胳膊等；当家长说"甩头发"，孩子可以做除了甩头发之外的甩其他身体部位的动作。

游戏并不会消除所有的烦恼

在跟孩子玩了游戏之后，孩子的某些行为可能并没有消失，比如孩子虽然玩了刷牙游戏，但还是抵触刷牙。这会让很多父母觉得游戏养育没用。实际上，游戏并不会消除所有的烦恼，但父母通过游戏与孩子建立了联结，可以更好地了解孩子的感受，帮助孩子克服一些不好的行为。

提线木偶
——无实物表演

（训练技能：身体反应力）

（父子二人在打羽毛球）

爸爸：看球！

孩子：嘿，回去！

爸爸：这球接得好！又来了，看好！

孩子：呀吼！YES！（成功把球打了过去）

爸爸：没错，儿子，看来你的球技进步不小啊。

孩子：是爸爸教得好。

　　要想在篮球、足球、乒乓球、羽毛球等各种体育项目中取得好成绩，就需要具备较强的身体反应力。除了通过在日常进行实际演练来提升技能外，如果场地受限，家长还可以与孩子进行其他游戏来锻炼孩子的反应力，比如"提线木偶"游戏。

　　在这个游戏里，孩子扮演提线木偶，自己无法行动，需要靠操偶大师——家长的"牵线"才能行动。操偶大师可以随意操作木偶身体的任何部位，但不能触碰木偶的身体，要在间隔10厘米处做相应的动作，并加以解说语言；木偶需要根据操偶大师的动作与解说语言来进行肢体行动。

❶ 找一个宽敞而安全的
区域。

❷ 家长用手隔空操作孩子
的身体，并给予提示，
孩子做动作。

❸ 孩子继续跟随家长的手
部指令做动作。如果孩
子动了不该动的部位，
家长要及时提醒。

在游戏中，操偶大师可以做出各种动作，发出各种指令。比如：在孩子的头发上空提起，同时说"现在我要提起你的头部"，孩子需要伸直脖子抬起头；用两只手一前一后分别控制孩子的两条腿，同时说"现在我拉着你的两条腿"，孩子需要在不动胳膊的前提下移动双脚，走到别处。

提示

配合默契之后，家长也可以不说指令，直接动手指，让孩子看动作行动。

这个游戏可以让孩子更集中注意力，更灵活地进行身体反应。

用孩子的眼光看待游戏

对孩子来说，家庭是他接触世界的平台，而亲子游戏是孩子的"缓冲器"与"加油站"。即使是很多在家长看来无趣、无意义的游戏，在孩子眼中也依然是好玩有趣的。所以不要局限在成人的世界中，应将游戏时间和欢乐还给孩子，从而在游戏中增进亲子感情。

创意造型
——看卡片做动作

（训练技能：想象力与身体表现力）

▲

妈妈：来，要拍照了，摆个剪刀手。

孩子：妈妈，每次拍照都是剪刀手，一点儿都不酷。我想飞起来。

妈妈：那好办，妈妈让你跳，你就往高了跳。

（连拍十几张后）

孩子：哇！照片上的我真的飞起来了！

　　让孩子摆造型拍照是当今很多家长都会有的行为，单一的造型不仅无趣，还会让孩子觉得厌烦无聊。其实，家长完全可以给孩子一个引导，让孩子充分发挥自己的想象力，摆出各种有创意的造型，当然，这不仅仅是为了拍照，更主要的是可以培养孩子的身体表现力。你会惊讶，原来孩子的创意远超你的想象。

　　"创意造型"游戏就是家长与孩子共同制作卡片，卡片上可以写包括植物、动物在内的各种事物，也可以是动作、表情等，游戏开始后，从中随意抽取一张卡片，同时摆造型。

物品准备 白纸若干，签字笔。

一起来玩游戏吧！

❶ 制作卡片。

❷ 抽卡片，并根据卡片上的内容发挥想象力，摆出相应的造型。

在孩子摆出造型后，家长可以让孩子说一说这个造型是怎么体现出卡片上的内容的，这个交流的过程会帮助父母更好地了解孩子的想法，也会让父母发现孩子的想象世界是非常丰富的。

保持亲密有效的**亲子沟通**

有很多父母很少与孩子进行亲密沟通，从而造成了亲子关系的疏离。孩子会通过游戏来解读世界，从玩乐中获得对世界的认知。父母与孩子在游戏的过程中相互配合、相互交流，可以增进亲子关系，让孩子更好地成长。

词语接龙
——小脑瓜转呀转

（训练技能：词语积累）

场景再现

孩子：妈妈，爸爸还要开多久啊？我想下去玩了。

妈妈：大概还需要开半个小时。

孩子：好无聊啊！

妈妈：这样吧，我们来玩一个小游戏吧！

孩子：什么游戏？在车上怎么玩啊？

妈妈：没关系，这个游戏叫"词语接龙"，规则是……

　　"词语接龙"游戏是一个适合两人以上参与的语言游戏，它不受场地的限制，随时随地都可以玩，而且，孩子还可以在游戏中学习新词，扩大词汇量，提高语言表达能力，也可以为今后的字词造句打下基础。

　　"词语接龙"游戏从说的第一个词开始，依次用前一个词的词尾为头进行组词，如：西瓜—瓜皮—皮球—球场—场地—地面—面包……游戏既简单又有趣，可以让父母与孩子一起度过愉快的时光。

❶ 参与游戏的人围坐成一圈，确定游戏顺序，第一个人开始说一个词语。

❷ 第二个人接着说词语，新词语的词首与前一词的词尾相同。

❸ 按顺序循环接词，接不上来的人就输了。

在词语接龙游戏中，一般需要后一个词的词首与前一个词的词尾相同，但考虑到孩子的词汇量有限，在游戏中，

提示

接的词语可以是两个字、三个字的词语，也可以是成语。

家长也可以放宽规则，可以音同字不同，即可以使用同音字。比如：大象—象棋—棋子—子弹—弹弓—工（此处则是音同字不同）人—人民……

父母应特意教孩子词汇

我们都知道多读书可以学到词汇，但是对孩子来说，他们会因为词汇量少而读书困难。当孩子自己阅读时，如果遇到不认识的字或词语，很可能会跳过或者猜测词意，以致无法正确地理解词意，而且，很多词语在书中只出现一两次，孩子也很难学会新词。因此，父母要陪孩子一起读书，这样当遇到孩子不认识的新词时，父母就可以给孩子讲解词义，帮助孩子正确地理解。

情绪猜猜猜
——看表情，读心情

（训练技能：解读情绪）

孩子：妈妈，以后我再也不跟果果玩了。

妈妈：怎么了？发生什么事了？

孩子：我要玩一下他的玩具，他不借我，我就叫他"小气鬼"。

妈妈：你叫果果"小气鬼"，果果也不开心吧？

孩子：他自己在一边玩玩具，我就跟别的小朋友去玩了。

　　有时候表情能表达出比语言更多的内容，帮助孩子认识并识别各种表情，有助于孩子了解家人或同伴的心情，也有助于孩子社交技能的养成。比如，在同伴没有流泪但露出伤心的表情时，孩子知道他在难过，就可以给予安慰；在父母没有说但露出疲惫的状态时，孩子知道父母很累，就可以给父母敲敲背等。

　　"情绪猜猜猜"的游戏是让孩子观察家长表演出来的表情，并解读这种情绪。

便利贴、笔、盒子。

一起来玩游戏吧！

1 在便利贴上写上孩子
已知的各种情绪。

2 将写好的便利贴对折放入
盒子中，家长从中抽出一
张，贴在孩子的脑门上，
不让孩子看到字。

3 家长根据便利贴上的内
容进行表情表演，孩子
来解读家长的情绪。

高兴？

兴奋

133

也可以将带有人物面部表情的卡片或照片作为表情卡放入盒子中。然后从盒子中抽出一张表情卡，做出跟卡片上一样的表情，并说一说这代表什么情绪，在什么情况下可能会出现这样的表情。

提示

在便利贴上写的情绪词应该是孩子知道的，比如高兴、幸福、喜欢、吃惊、讨厌、担心、害怕、心慌、着急、委屈、失望、生气等。

引导孩子表达情绪

大多数孩子不会主动将自己内心的想法表露出来，即使父母直接问孩子，孩子有时也无法完整地说出来，导致父母无法了解孩子的深层情绪。而帮助孩子认识情绪，可以更好地引导孩子表达自己的情绪，帮助父母了解孩子更深层的情绪与想法，进而理解并接受孩子的行为。

单手穿衣
——我要爱惜身体

（训练技能：感受力）

场景再现

孩子：妈妈，姥姥扭到胳膊就不会自己穿衣服了吗？

妈妈：姥姥会穿，但是自己穿会很费劲，所以妈妈要帮姥姥穿。

孩子：妈妈，那今天我帮姥姥穿衣服好不好？

妈妈：宝贝真乖！来，亲一口。那今天给姥姥穿衣服的任务就交给你了。

孩子：收到，保证完成任务。

人们生病或受伤时就可能会导致行动障碍，而"单手穿衣"游戏可以帮助孩子感受身体受限所带来的不便，增强孩子对身体的认知和保护，也可以让孩子对那些生病或受伤的人产生同情，进而给予热心的帮助。

在这个游戏中，孩子需要将一只手背过去或者紧贴着身体，如果这只手动了或者离开身体就算犯规。游戏结束时，先将衣服穿在身上，扣好扣子或拉好拉链的获胜。

物品准备 衣服两件。

一起来玩游戏吧！

① 比赛开始，参赛者要将一只手紧贴着身体，开始单手穿衣。

② 继续穿衣，注意贴着身体的那只手不能动，动了就算犯规。

③ 游戏结束，先完成任务的是胜利者。

在游戏的过程中，如果发现参赛者有犯规的倾向，裁判就需要及时提醒，但也要注意次数，不要让好意的提醒变成令人厌烦的唠叨。

提示

单手系鞋带、单手拧矿泉水瓶盖、单手扫地拖地等，都是可以玩的游戏。

平时我们都习惯了用双手做事，即使是平常生活中的小事，如果用单手来做，也会有不小的困难。这种游戏可以让孩子学会珍爱自己的身体。

提醒多了就成了唠叨

我们知道提醒本来是一件好事，可以提醒孩子避免犯错，指引孩子做得更好，但如果父母的提醒过多，在孩子看来就会成为唠叨，会引起孩子的厌烦与对立，甚至会让孩子觉得父母不相信自己。如果不是后果严重的问题，即使孩子犯错了又如何呢？所以，请控制你的焦虑与担心吧！

海底捞珠
——我会用筷子

(训练技能：手的精细动作) ▲

场景再现

孩子：妈妈，我不要用筷子，能不能用勺啊？

妈妈：为什么啊？妈妈记得你已经学会用筷子了啊。

孩子：可是我还是觉得用勺吃饭顺手。

妈妈：可这顿饭要吃面条，用勺很不方便的。

孩子：没关系，我可以用勺吃。

孩子习惯用勺不习惯用筷子，这是很常见的现象。如果家长强迫孩子用筷子吃饭，只能让孩子心生反感。"海底捞珠"游戏需要用筷子夹弹珠，从而锻炼孩子使用筷子的技能，既有趣，又能解决孩子不习惯使用筷子的问题。

游戏开始前，需要先在桌子上放两个盆子：一个装满水，并放入弹珠；一个空盆子。游戏开始后，参与者需要用筷子将弹珠从水中夹到空盆子里，只能筷子接触弹珠，身体的其他部位或者其他物品都不能接触弹珠，否则算犯规。

物品准备 筷子 2 双、弹珠若干、盆 4 个。

一起来玩游戏吧!

❶ 在桌子上放 4 个盆子(2 个盆里装上水,并放入弹珠;2 个空盆子)和 2 双筷子。

❷ 参与者用筷子将弹珠夹到空盆子中,在规定时间内,夹得多的人胜出。

这个游戏可以锻炼孩子手的精细动作和手眼协调能力。对于不会熟练使用筷子的孩子来说，这个游戏是不小的挑战。如果孩子的表现不佳，家长可以降低游戏难度，比如不在盆子中加水或者将弹珠换成花生米等。

提示

　　游戏诀窍：①使用筷子的力度要适中，不能忽大忽小；②两根筷子尽量平行，不要以"X"形或者"V"形去夹，以免弹珠顺着筷子滑动；③在夹住弹珠移动时，要匀速，不能忽快忽慢。

游戏模式需要从简单到复杂

　　筷子是中国人习惯使用的用餐工具。用筷子是复杂而精细的动作，手部必须用力得当、动作协调，才能将食物送至口中。如果孩子不会使用筷子，父母也不用过于焦虑，在游戏中循序渐进地锻炼孩子的手部技能，从简单的游戏开始，逐渐提升难度，相信孩子一定会掌握这项技能的。

大扫除分配
——我会分配任务

（训练技能：独立能力）

场景再现

孩子：妈妈，我的玩具小火车在哪里？

妈妈：给，你昨天放到电视柜上面了。

孩子：妈妈，我今天要穿什么衣服啊？

妈妈：妈妈已经把衣服给你放在床头了。

孩子：妈妈，我不想穿这件蓝色的衣服，我要穿那件绿色的。

……

　　孩子做什么事都要找妈妈，这是自立能力不强的表现。学习自立是人成长过程中的重要一环，具备自立能力的人在遇到事情时可以做出自己的判断与选择。分配任务游戏可以很好地提高和完善孩子的自立能力，其中"大扫除分配"游戏既能锻炼孩子的独立能力，又能让孩子参与到家务劳动中。

　　大扫除分配游戏指的是让孩子做决定，分配给家长大扫除的任务，在这次大扫除活动中，家长完全充当辅助者的角色，孩子分配给什么任务就完成什么任务。

一起来玩游戏吧!

❶孩子安排大扫除的任务
分工。

还需要我做什么呢?

❷各自去做分配的任务。

❸打扫完之后,让孩子检查
成果。

刚开始由孩子自己做决定时，他们可能会不知所措，父母可以在必要的时候提供帮助，但一定

提示

除了分配大扫除任务外，家长也可以让孩子决定一日三餐的伙食或者一天的活动安排，充分给予孩子做决定的空间。

要遵守游戏规则，让孩子做决定。慢慢地，孩子就会变得有主见，有决策力，有责任感。

随着孩子的成长，分配任务的游戏也可以随之提高难度。父母可以把很多情景移植到游戏中，并扮演好引导人与任务执行者的角色，孩子也会力争扮演好自己的角色，接触并掌握更多的技能。

孩子需要独立

经常试着让孩子自己做出判断和决定，有助于培养孩子的情商与智商。一个有主见和判断力的孩子懂得自主思考，不会被身边的诱惑左右。所以，父母要为孩子创造独立做事的环境，激发孩子的主观能动性，让孩子逐渐掌握自立能力，为独立做好准备。

附：

幼儿做家务年龄对照表	
2~3 岁	自己刷牙； 自己使用马桶； 自己整理玩具； 自己将垃圾扔进垃圾桶； 能够帮妈妈把衣服挂到衣架上。
3~4 岁	将用完的毛巾、牙刷、脸盆放好； 将自己的脏衣服放到脏衣篮里； 饭后把自己的碗放到洗碗池中； 能将自己的玩具和书籍放回原位。
4~5 岁	饭前准备餐具； 饭后擦桌子； 清洗自己的小袜子、小内裤等； 准备自己第二天要穿的衣服； 将洗好晾干的衣物分类叠放。
5~6 岁	收拾自己的房间； 扫地、倒垃圾； 叠被子； 整理自己的床铺； 整理书包，准备去幼儿园要带的物品。

双脚夹沙包掷远
——跳跃我能行

（训练技能：跳跃能力）
▲

场景再现

> 孩子：看我的沙包投球！（一脚把揉成一团的纸踢到了角落处）
>
> 爸爸：哎呀呀，快收起来，妈妈看到又该说爸爸了。
>
> 孩子：看我的双脚投弹！（纸团又被踢到一旁）
>
> 爸爸：哈哈，来吧，用脚把纸团抛进垃圾桶。

　　孩子的捣蛋行为总是无穷无尽的，家长也经常无力制止。既然如此，家长不妨就将孩子的那些"捣蛋行为"转化成有趣的游戏，与孩子一起玩游戏。"双脚夹沙包掷远"游戏不仅可以让扔垃圾的过程变得有趣，还可以训练孩子的跳跃能力与灵敏性。

　　在游戏开始前，家长要在地上画出起始线，并在由近及远的位置标上分数，距离越远，分数越高。参与者要在起始线处用双脚夹紧沙包向前抛出，根据沙包所落的位置计算得分，夹抛3次后算总分，得分高的人获胜。

物品准备 沙包，纸和笔。

❶孩子站在起点处，双脚夹紧沙包向前抛出，根据沙包落的位置确定得分。

❷另一位参与者同样站在起点处，双脚夹紧沙包向前抛出。

注意，在起跳和落地时，双脚不能过线、踩线，否则分数无效。

家长还可以与孩子玩"双脚夹沙包跳"的游戏，即双脚夹住沙包从起点跳到终点，途中沙包不能掉落在地上，否则返回起点重新开始，先到达终点的人获胜。

提示

在游戏的过程中，家长需要注意孩子的安全，指导孩子采取规范的动作，比如将沙包向前斜上方甩出，双脚落地时要屈膝缓冲等。

重视孩子发明的游戏

直接提供给孩子现成的玩具，孩子只会被动接受，而孩子自发创造出来的小游戏，虽然可能在父母看来不够益智，但却往往蕴含了孩子更多的兴趣与创造力，也能给孩子带来更多的乐趣，对孩子来说意义更大。所以，不要犹豫，重视并积极地参与孩子发明的小游戏吧！

吸管运输
——合作一起赢

（训练技能：团队合作能力）

▲

场景再现

孩子：妈妈，我想带彤彤和文清去楼下玩。

妈妈：可是现在外面在下大雨，不方便出去玩。

孩子：那我们一会儿就回来。

妈妈：妈妈知道来了这么多人你很高兴，很兴奋，想跟他们一起玩。这样吧，我们一起来玩一个有趣的小游戏吧。

当有亲戚朋友来家里做客，孩子总会变得异常兴奋活跃，尤其想带着同龄的小朋友们到处疯玩。但当环境不允许时，比如下雨下雪、夜晚天黑等，要让孩子们老实地待在屋子里，对他们来说也是一种煎熬。此时，玩个吸管运输的小游戏就可以摆脱这种烦恼了。

这个游戏适合人多的时候玩。参与游戏的人需要分成两队，每人嘴里叼一根吸管，第一个人在吸管上放一个钥匙环。游戏开始后，不能用手接触吸管和钥匙环，只能用嘴叼吸管的姿势将钥匙环传递给下一个人，先传到最后一个人的那一队获胜。

物品准备 吸管若干、钥匙环2个。

❶ 将参与者分成两队，每队排成一排站好，每人嘴里叼一根吸管，每队的第一个人将钥匙环套在自己的吸管上。

❷ 游戏开始，每队的第一个人将钥匙环用吸管传递给第二个人。

❸ 逐个传递，直到传到最后一个人。先传到最后一个人的队伍获胜。

如果途中吸管或钥匙环掉下来，或者队伍里有人违规用手碰了吸管或钥匙环，则要从第一个人重新开始。

提示

如果是很多个小朋友在一起玩，就可以分成几个队伍同时竞赛，争夺冠军。

要传递得又快又稳，就需要团队成员之间的相互配合。这个游戏不仅考验孩子的身体协调能力，还能培养孩子的团队协作能力。

团体游戏有助于激发合作意识

团队协作能力是孩子在未来适应社会、立足社会不可或缺的重要因素。团体游戏不但能激发孩子的合作协商意识，还能提升孩子的交际情商。游戏一旦获胜，孩子就能充分体验到合作带来的成功感与乐趣，进而激发孩子合作的积极性。